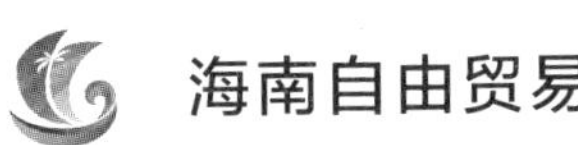

本书由国家自然科学基金应急项目总课题“海南自由贸易港建设管理总体研究（72041026）”、海南省哲学社会科学规划重大课题“海南国际旅游消费中心的建设路径研究（HNSK（ZK）2019-04）”、海南省社科重点研究基地“全域旅游研究基地”项目资金资助支持

海南自由贸易港国际旅游消费

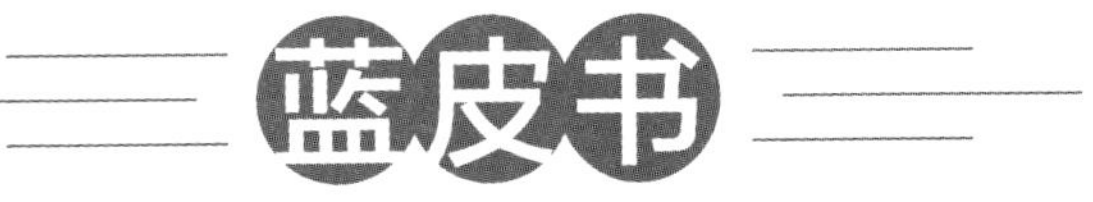

BLUE BOOK OF HAINAN FREE TRADE PORT INTERNATIONAL TOURISM CONSUMPTION

郭 强◎主编

·北 京·

图书在版编目（CIP）数据

海南自由贸易港国际旅游消费蓝皮书 / 郭强主编
. --北京 : 中国经济出版社, 2021.12
ISBN 978-7-5136-6765-4

Ⅰ. ①海… Ⅱ. ①郭… Ⅲ. 自由贸易区-经济建设
-旅游业发展-研究报告-海南 Ⅳ. ①F752.866

中国版本图书馆 CIP 数据核字（2021）第 261090 号

策划编辑　姜　静
责任编辑　王西琨
责任印制　马小宾
封面设计　任燕飞装帧设计工作室

出版发行　中国经济出版社
印 刷 者　北京力信诚印刷有限公司
经 销 者　各地新华书店
开　　本　710mm×1000mm　1/16
印　　张　13.75
字　　数　218 千字
版　　次　2021 年 12 月第 1 版
印　　次　2021 年 12 月第 1 次
定　　价　68.00 元
广告经营许可证　京西工商广字第 8179 号

中国经济出版社　**网址** www.economyph.com　**社址** 北京市东城区安定门外大街 58 号　**邮编** 100011
本版图书如存在印装质量问题，请与本社销售中心联系调换（联系电话：010-57512564）

编 委 会

PREFACE 前言

本书系统阐述了全球及中国视野下，海南在国际旅游消费建设方面的战略方向与时代特征。中国已成为全球国际旅游消费的主引擎，在国家高位推动全局谋划下，近3年来，海南对国际旅游消费中心建设进行了深入探究，主动担当、自发探索，作为集成创新先锋，逐渐成为中国国际旅游消费的新领地。

本书重点对海南各消费业态“吃、住、行、游、娱、购”发展现状及现存问题进行梳理，系统总结海南国际旅游消费建设取得的成绩，查摆各消费业态存在的堵点、难点和痛点问题。研究发现，海南国际旅游消费发展动能仍较为欠缺，在产业规模、发展效益等方面存在着较大发展空间。通过梳理部分发达国家和地区国际旅游消费的发展历程，总结其典型经验做法，从国际旅游消费需求端倒推预测供给端供应，提出海南提升国际旅游消费水平的基本策略和保障措施，最后展望了近期（2021—2025年）、中期（2026—2035年）和远期（2035年以后）海南国际旅游消费的发展。本书旨在为海南国际旅游消费发展提供智力支持和决策参考，海南必将开启海南自由贸易港国际旅游消费的新篇章。

编　者

2021年11月

CONTENTS 目录

第一篇　背景篇

第二篇　发展篇

第三篇 战略篇

第四篇 业态篇

第五篇 创新篇

第六篇 启示篇

第七篇　展望篇

第一篇

背景篇

第一章　全球旅游消费战略定位和时代发展特征

在旅游行业全球化融合背景下，旅游消费已不再局限于本地区，建立全球化的旅游消费战略对各主要旅游强国来说已尤为重要。由于经济发展速度减缓、世界政治格局变化、自然灾害等，特别是当前全球处于新冠肺炎疫情常态化防控时期，全球旅游消费下滑态势明显，折射出当前各地区旅游消费的一些共同特征，如国际游客更加重视旅游安全、全球客源市场趋向分散化、国际旅游消费方式呈现出多元化、中远程旅游消费群体渐趋兴旺等。

一、全球旅游消费战略定位

随着物质生活水平的提高，精神需求的增长，全球民众更加注重享受性消费，愿意将更多的可支配收入投入旅游。《世界旅游经济趋势报告（2020）》指出，除新冠肺炎疫情特殊情况外①，2015—2019 年全球旅游收入总体呈上升态势（见图 1-1）。旅游业在调整产业结构、创造就业岗位、推动社会经济可持续发展等方面功不可没。将产业重心由第一产业、第二产业转向以旅游业为代表的第三产业也是一个国家成为发达国家的必由之路。虽然受新冠肺炎疫情影响，自 2019 年末起世界旅游业持续低迷，但是人类对美好休闲生活的追求是不变的，未来旅游业必然成为世界第一大产业。旅游业于非发达国家或地区而言，更是促进其社会经济发展的重要动力。以拉丁美洲为例，近年来旅游业对其 GDP 贡献率超过 40%、就业

---

① 因 2020 年新冠肺炎疫情的特殊情况，全球旅游业持续低迷，本书部分章节选用 2019 年及之前的旅游数据。

贡献率超过 30%，拉丁美洲的国际旅游消费收入的增长速度也超过了世界经济平均增长速度。旅游消费俨然成为促进全球经济发展的主动力之一。为此，全球各国都在积极推动国际旅游消费提质升级，探索旅游消费刺激及激励机制，将发展旅游消费上升为本国发展战略。

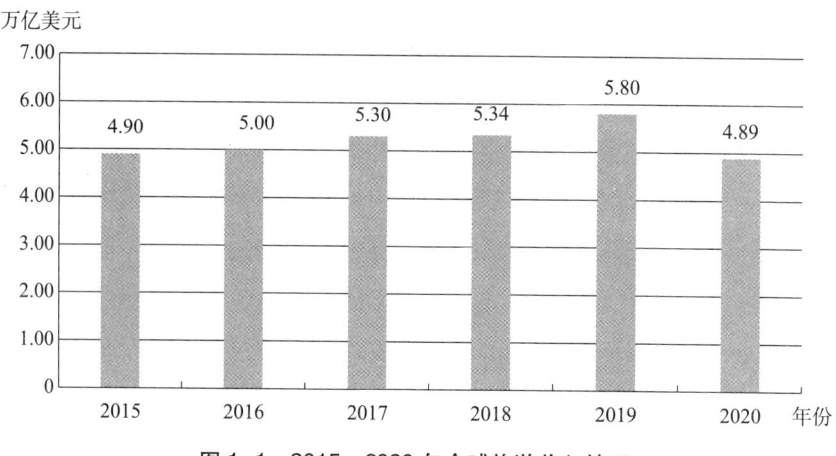

图 1-1　2015—2020 年全球旅游收入情况

资料来源：WTCF UNWTO 前瞻产业研究院。

二、全球旅游消费时代发展特征

（一）国际旅游消费活动对旅游安全更为重视

自 21 世纪以来，全球安全形势不容乐观，而国际旅游消费活动易受不可抗力因素影响。不可抗力事件不可预见、不可避免、不可克服，一旦发生，旅游活动会受严重影响甚至终止，这体现了旅游业的脆弱性。尤其是此次新冠肺炎疫情影响面较大、时间较长，全球旅游业相继停摆，国际旅游消费遭受重创，对国际旅游消费构成全面威胁。旅游战略管理和危机管理教科书上明确写道：“健康与安全是促进与制约全球酒店、餐饮和旅游发展的重要因素之一。”国际游客进行旅游消费的前提是可以确保自身安全，只有保障最基本的生存需求，游客才会追求更高级的享受需求。要让游客放心地旅游，不仅需要物理意义上的安全旅游空间，而且需要消除游客心理上的忧虑。因此，全球各旅游接待国或地区都愈加重视安全因素对旅游消费的影响。针对恐怖袭击、交通事故等不可预测的不安全因素，各国都应积极探索有效管理手段及预先干预机制，建立完善的国际游客安全保护体系，提前为游客代办保险，让游客放心地进行旅游活动。

（二）国际旅游消费客源市场趋向分散化

现代国际旅游源于西欧、北欧和北美，这些地区的游客一贯是国际旅游消费的主体，对全球旅游消费增长贡献比例超过3/4，全球旅游消费总收入的80%集中在T20国家[①]。随着世界经济格局变化，亚太地区后来者居上，逐渐成为世界经济重心，也成为国际旅游消费市场的重要客源地，国际旅游客源市场渐趋于分散化。传统的欧美国际旅游消费市场“一枝独秀”的局面已不再呈现，世界旅游消费区域重心正向以中国为代表的亚太地区转移，亚太地区国际旅游人次增速和国际旅游消费增速近年来十分明显，预计到2030年，亚太地区接待入境过夜游客占全球旅游市场的比例将由22%上升至30%，而欧美地区所占比例将由67%下降到55%。2018—2019年全球TOP10旅游目的地国家旅游及消费情况如表1-1所示。

表1-1　2018—2019年全球TOP10旅游目的地国家旅游及消费情况

排名	2018年			2019年		
	国家（地区）	旅游总消费/亿美元	旅游到访人次/万人次	国家（地区）	旅游总消费/亿美元	旅游到访人次/万人次
1	美国	2145	7960	美国	2107	7480
2	西班牙	738	8280	西班牙	680	8180
3	法国	674	8940	法国	607	8690
4	泰国	630	3830	泰国	675	3540
5	英国	519	3630	英国	512	3770
6	意大利	493	6210	意大利	442	5830

① 摘自《世界旅游经济趋势报告（2021）》，T20国家指全球各国中旅游总收入排名前20的国家。

续表

排名	2018年			2019年		
	国家（地区）	旅游总消费/亿美元	旅游到访人次/万人次	国家（地区）	旅游总消费/亿美元	旅游到访人次/万人次
7	澳大利亚	450	920	澳大利亚	417	880
8	德国	430	3800	德国	398	3750
9	日本	411	3120	中国澳门	356	1700
10	中国	404	6290	日本	341	2860

资料来源：前瞻经济学人App。

（三）国际旅游消费方式趋向多样化

当今世界，大多数人是“时间穷人”，随着世界各国经济的发展与人民生活水平的提高，旅游者希望度假紧凑高效，在旅游消费方面希望进行全方位探索、走访能带来丰富体验。各国游客消费习惯整体在发生改变，由之前单纯的观光旅游消费向休闲旅游消费转变，由消遣观光向多样化的旅游方式和项目消费转变，各国游客更注重在探索、参与和体验型的旅游领域进行消费。国际旅游消费已成为一种“手段”而非“目的”，即旅游消费者注重通过旅游活动实现自我享受，出于炫耀、攀比等目的“为旅游而旅游”的现象逐渐减少。旅游者消费需求的成熟要求旅游产品供给更加个性化与多样化，旅游者更倾心于有关自我爱好、能切实带来娱乐放松的旅游产品，旅游市场需要更多种类、更有创意、更加新颖的旅游产品，这为国际旅游投资指明了新方向。

（四）科技发展丰富国际旅游消费方式

“旅游+科技”是当今旅游业发展的大趋势。科技助力旅游业升级，在科技手段的帮助下，旅游供应商能生产出带给旅游消费者更大效用的旅游产品，以此满足旅游消费者日渐增长的旅游需求，为旅游产业发展注入新活力。沉浸式体验被广泛地采用和推广，利用科技技术，重新构建消费场景，对旅游消费元素进行构建融合，如利用VR、AR等技术帮助旅游者进行感观营造、角色塑造、实景演绎、虚景再现等体验，以期提升国际旅游消费者的新鲜感，增加国际旅游消费者黏性。

第二章　中国国际旅游消费发展整体状况

伴随中国经济的稳步持续发展，人们的生产与生活方式不断变化，追求。享受美好生活的需求持续上升。中国旅游业发挥其作为“朝阳产业”的活力，正在不断增加消费场景、创新业态。“十四五”规划指出：应增强消费对经济发展的基础性作用，顺应消费升级趋势，提升传统消费，培育新型消费，适当增加公共消费①。旅游消费是旅游消费者在游览过程中，为满足自身发展和享受需要的一切花费。我国拥有 14 亿人口的旅游消费市场，而这个广阔的市场不仅是面向中国的，也是面向世界的。消费无疑是经济增长最好的推动力，未来 10~15 年，中国消费市场将是世界经济增长的重要推动力。“挺进全球，深耕中国”，进行双轮驱动，全面促进旅游消费，是我国提升国际竞争的重要途径。目前，短距离旅游已无法满足旅游者日益增长的需求，“去更远的地方看看”更符合旅游消费者未来的需求。消费能力增长伴随消费需求变强，收入增长奠定远距离旅游的物质基础，发达的交通与通信技术打破了地域隔阂。虽然中国国际旅游消费市场短期内受新冠肺炎疫情影响，远距离旅游市场状况暂不明朗，但于长远而言，中国国际旅游会成为未来趋势。后续本书将从旅游消费新趋势与旅游消费变化两个角度进行分析，阐明中国人民持续升级的旅游消费需求。

改革开放 40 多年来，中国旅游业经历了从无到有、由弱变强的过程，其间政策供给、技术创新、市场变迁和世界政治格局变化等因素都在影响中国旅游业的发展，我国国际旅游消费亦随之成长，其发展历程大致可分为 3 个阶段。

---

① 《中共中央关于制定国民经济和社会发展第十四个五年规划和二〇三五年远景目标的建议》。

一、中国国际旅游消费历程

第一，中国国际旅游消费的起步阶段（1978—1991 年）。起步阶段的中国国际旅游业作为新兴经济增长点，是以创汇为主的产业。受改革开放带来的经济、政策和市场等变化影响，中国国际旅游业逐渐由单一接待行业转变为多元服务行业。1992—1997 年是中国旅游消费的成长阶段，该阶段中国国际旅游业的发展以政府主导推进，境内游、出入境游市场齐头并进，中国国际旅游业快速成长。这个阶段是人们满足基本生活需求后产生的更高层次的消费需求，我国独具特色的自然风景旅游资源和人文景观旅游资源基本能够满足国际旅游需求，旅游市场以传统跟团旅游、观光旅游为主，这是中国国际旅游观光游览 1.0 时代。

第二，中国国际旅游消费的拓展阶段（1998—2008 年）。该阶段，中国国际旅游业的行业体系已基本形成，并逐步转型为重要国民经济产业。此时，单一的接待服务已无法满足国际旅游多样旅游消费需求，旅游产品产销脱节，亟须创新。该阶段的旅游消费者对于旅游产品有更高要求，在选择旅游产品时会更注重新颖程度、地域特色和文化内涵。旅游产品供应商也意识到创新旅游产品的重要性，积极探索旅游消费者新需求，将文化特色因素融入旅游产品，主动推进产品研发，加快创新脚步。该阶段的旅游供需已得到极大改善，这是中国国际旅游休闲度假 2.0 时代。

第三，中国国际旅游消费的综合发展阶段（2009 年至今）。中国作为世界第四大旅游目的地、第一大国际旅游消费市场，本阶段国际旅游消费成为国民经济的重要组成部分。传统观光旅游已无法满足国际旅游消费者需求，国际旅游消费者需要更富有个性、更有体验感的旅游项目，需要更体贴细致的旅游服务。对于该阶段的旅游消费者而言，价格已不是最重要的考虑因素，他们更期望满足自身发展与享受需求。旅游产品供应者则需要从丰富住宿消费业态、优化餐饮消费质量、拓展娱乐消费内容、增强文化消费特色等方面入手，全方位扩容升级，用创新提振旅游业发展后劲；政府亦要做好旅游相关政策法规体系建设，为旅游业高质量发展蓄力。随着中国国际化程度不断提升，我国已连续多年成为国际旅游消费第一大国，海南亦成为全球最受欢迎的旅游目的地之一；在“双循环”的大发展格局下，实施自由化便利化政策举措，以自由贸易港、“三区一中心”为战略发展目标，以满足内部需求为契机，不断拓展海南旅游消费空间、提升海南旅游消费质量、增强海南国际化发展水平，这是发展趋势，也是中国国际旅游品质消费3.0时代。

二、国际旅游消费新趋势

（一）中国进入大众国际旅游消费时代

联合国世界旅游组织声明，中国从2012年已成为世界第一大国际旅游消费国，过去10年间，中国国际旅游市场的发展一直是全球最快的。中国文化和旅游部官网数据显示，2018年，我国全年旅游总收入达5.97万亿元，同比增长10.5%；中国境内游客达55亿人次，人均每年出游4次，同比增长10.8%；出入境游客达2.91亿人次，同比增长7.8%。旅游成为国民日常生活中不可或缺的一部分，随着中国居民可支配收入的增长以及对国际旅游限制的放松，中国大众国际旅游时代来临。

（二）“90后”成为国际旅游消费新势力

消费结构变化、消费人群年轻化昭示着旅游经济收入水平的提升。相关数据表明，中国“90后”逐渐成为出境旅游消费主力军。相较于“70后”30岁的初次出境旅游平均年龄，“90后”初次出境游平均年龄为18岁。“90后”目前处于拥有稳定工作且经济实力比较厚实的阶段，消费观念前卫，对国际消费需求旺盛，且拥有国际化视野和国际旅游活动的动机，逐渐成为中国国际旅游消费的新势力。

三、国际旅游消费新变化

特色旅游、智慧旅游正成为国际旅游消费市场发展的突出高点，中国各旅游目的地正积极探索从地域文化出发，培育特色鲜明的IP，树立品牌自信，以本土品牌IP引领旅游者进行消费。用科技赋能，用技术为旅游目的地“插上翅膀”，实现游客管理智慧化，游客游玩便利化。各旅游目的地联动大数据、物联网、互联网等，以自身为核心 IP，联动整合周边旅游资源，增加并完善查询、销售等功能，加强多渠道宣传，将自身打造为流量入口，成为面向旅游消费者的平台，摆脱对 OTA 平台的依赖。未来，以旅游目的地本土化深耕、旅游目的地智慧化建设、价值再造、IP 重构的国际旅游企业将迎来发展新机遇。

改革开放以来，我国国际旅游消费发展经历的这 3 个阶段，见证了我国现代旅游业从供给短缺到体系健全、从起步晚导致发展落后到飞速发展跃居国际前列的过程，逐步形成了以大众旅游为中国旅游业主体、境内游与出入境游相结合的格局。

第三章　海南国际旅游消费迎来发展机遇与挑战

一、海南自由贸易港建设为海南国际旅游消费带来历史性机遇

党中央对海南建设自由贸易试验区和中国特色自由贸易港予以了巨大的支持，预期大规模的资金、人才、技术、信息等资源将流向海南，用于拓展国内国际两个市场，助力海南国际旅游消费发展。海南正强抓机遇，一方面，吸取建设国际旅游岛的经验教训，通过与旅游及相关服务业的合作，加强对外交流，规范服务体系，形成服务贸易优势；另一方面，以建设自由贸易试验区与自由贸易港为契机，搭建旅游开放平台，促进旅游各要素自由流通，便利国际旅游企业在海南进行投资等，助力海南国际旅游消费的进一步开放发展。

首届中国国际消费品博览会落户海南海口，这在一定程度上提升了海南自由贸易港建设的知名度和影响力，为海南国际旅游消费带来了更多机遇。各类国际旅游生产要素汇聚海南，助力海南旅游业健全产业链，助力旅游消费产供销一体；提供更多优质渠道给旅游产品供应商，解决资源整合力度不足等现存问题，帮助产出更符合国际旅游消费者需求的产品，打开国际消费市场，为海南省高质量建设国际旅游消费中心注入活力。中国国际消费品博览会作为窗口平台对外展示了海南优势，包括其作为自由贸易港所拥有的优惠政策环境、得天独厚的地理位置和舒适宜人的自然环境等，这些都是吸引国际旅游投资落地海南的要素。同时，海南作为中国对外开放探索路上的一个重要“先锋队”，亦承担着探索一条具有借鉴推广意义的高质量国际旅游业发展道路的责任。

二、海南国际旅游消费面临的问题与挑战

目前，海南国际旅游消费的机遇与挑战并存。近年来，随着我国对海外市场开发的不断深入，大国贸易摩擦已成为当前我国在海外贸易发展中的主要障碍之一，双边贸易的限制致使逆全球化现象越发严重。不仅如此，其他海外国家在发展对外贸易的同时，为了在其他国家获取更大的市场占有率，提高自身市场竞争力，也开始了价格贸易摩擦，这给海南自由贸易区的未来建设与发展带来了不小的挑战。加之海南国际旅游消费起步晚，基础发展薄弱，国际旅游消费面临着巨大的挑战。

（一）国际游客数量较少

相比全球知名旅游消费目的地及国内发达旅消省份，海南国际游客数量较少，加之新冠肺炎疫情影响，国际游客数量增长十分缓慢。2015—2020 年，到海南旅游的国内游客由 4492.95 万人次增加至 5435.02 万人次，占游客总人数的比例由 98.7%提高至 99.6%；国外游客由 60.84 万人次下降至 22.4 万人次，占游客总人数的比例由 1.3%下降至 0.4%（见表 1-2）。

表 1-2　2015—2020 年海南省游客结构变化　单位：万人次

游客结构	2015 年	2016 年	2017 年	2018 年	2019 年	2020 年
接待国内过夜游客	4492.95	4902.32	5479.49	6203.30	6680.92	5435.02
接待入境过夜游客	60.84	74.90	111.94	126.36	143.59	22.40
一日游游客	843.57	1046.38	1153.58	1297.74	1486.69	997.66

资料来源：根据海南省统计局、智研咨询数据整理所得。

（二）旅游消费结构不合理

海南国际客源地单一，严重依赖俄罗斯和东南亚市场，这些市场游客相比欧美游客，其消费能力偏弱，大部分集中在刚性需求上。2020 年，国际过夜游客在海南省人均每天花费 809.63 元人民币（见表 1-3）。从旅游消费结构来看，花费在交通、住宿、餐饮项目的占比较高，达到人均每天花费的

74.08%，而游览、购物、娱乐及其他服务消费占比较低（见表1-4）。

表1-3　2020年海南省接待国际过夜游客分群体花费总额情况　单位：元

项目类别	国际游客花费总额
人均每天花费	891.63
参团人均每天花费	843.87
未参团人均每天花费	885.90

表1-4　2020年海南省接待国际过夜游客分项目花费构成情况

项目类别	国际游客	
	金额/元	比重/%
交通	215.93	26.67
机票	192.85	23.82
住宿	212.37	26.23
餐饮	171.48	21.18
景区门票	39.59	4.89
购物	123.23	15.22
娱乐	22.43	2.77
专项服务	14.65	1.81
租赁服务	9.96	1.23

资料来源：海南省旅游发展委员会。

（三）旅游产品供给结构不合理

国际旅游产品供给结构不合理。在“住”上，海南大部分品牌及星级休闲娱乐配套服务缺位，酒店住宿体验性、吸引力弱，民宿客栈活跃发展但特色不鲜明；在“吃”上，海南缺乏当地特色餐饮美食街区，文化宣传力度不够，餐饮结构失衡，服务水平和经营效益偏低；在“娱”上，以大型旅游演绎为主，文化创意不足，休闲业态不够丰富。旅游空间布局规划不合理。其主要集中在北部海口、文昌，南部陵水、三亚等地，致使中西部地区旅游产品开发不足。

特色旅游产品匮乏。海南虽然拥有丰富的滨海旅游资源，但是其开发方式不够新颖，与同为岛屿型的旅游目的地同质化严重，加之海南岛滨海旅游起步晚、知名度低，没有竞争优势，且在美食旅游、民俗文化旅游、环海南岛旅游等地方特色旅游产品开发上相对不足，尚未形成自身的核心产品优势。

（四）国际化旅游服务供给不足

海南尚未形成与国际接轨的旅游服务体系。优质服务是现代旅游产业的“灵魂”，是旅游者获得良好旅游体验的前提条件与基本要求。虽然海南的旅游服务标准已经在全国范围内制定并逐步完善，但是与国际水平仍有一定差距，这使得外国游客对旅游服务的满意度不高。

缺乏专业旅游和国际服务人才。高层次专业人才和国际化人才短缺与建设海南岛自由贸易试验区、中国特色自由贸易港急需人才注入活力的矛盾突出。目前，海南共有执业导游5000多人，兼职导游数量多于专业导游，导游质量良莠不齐；具有英语对话能力的旅游餐饮业从业人员仅占32%。从业人员的学历与素质不高制约了海南迈向建成国际旅游消费中心的步伐。此外，具有资源整合能力、能够开发特色的或主题性的产品定制师等专业人才紧缺。

（五）国家赋予的部分优惠政策利用不充分

部分政策效应没有被充分释放。一是国人离岛免税政策受制于额度、品种、数量等限制，消费潜力远未释放。二是受制于有限的国际航线数量，59国人员入境旅游免签政策对入境旅游的促进效益未得到充分释放。三是竞猜型体育彩票及大型国际赛事即开型彩票政策，由于产品种类较少，其娱乐性和游客参与度有限。

海南国际旅游消费事业的发展要求海南省各级政府具备杰出的管理能力，推动经济高度发达、创新水平突出、人才引进机制完善，要达到这些要求海南还任重道远。海南亟须紧抓政策机遇、不断扩大对外开放程度，为海南国际旅游消费的发展开辟新局面。

第二篇

发展篇

第一章　全球国际旅游消费主引擎——中国

第七次全国人口普查数据显示，中国人口已达14亿人，占世界人口比例接近1/5，是世界上人口最多的国家。自1978年改革开放以来，中国经济实现了大发展，经济规模不断扩大，经济结构有效转变，走上了一条中国特色社会主义的经济增长道路。近年来旅游成了人们生活中必不可少的一部分。在旅游目的地的选择方面，中国游客偏好境外旅游，中国游客被视为全球国际旅游消费支出的主力军。同时，中国旅游资源丰富、交通便利、基础设施相对完备、社会安定、国家大力支持旅游业的发展，同时国际间来往活跃，越来越多的外国游客选择来中国旅游，中国旅游竞争力不断增强，中国出境游和入境游均得到了前所未有的发展，推动了全国国际旅游消费的发展。

一、中国是全球国际旅游消费的最大客源地

（一）人口基数庞大，客源国优势明显

中国拥有全世界最多的人口，巨大的人口基数使中国拥有庞大的境外出游群体。近年来，随着中国中产阶级和富裕阶层的不断增多，出境旅游人数也不断增多，中国已多年保持全球第一大出境旅游客源国的地位，尤其是在俄罗斯、日本、韩国、越南、泰国、柬埔寨、印度尼西亚等国家，中国游客占比常居第一，可达30%以上。同时，在北美、西欧等地区的很多国家也有大量中国游客前往，在其国际游客中占有较大比例。2010—2019年各国国际旅游支出增长倍数情况如图2-1所示。

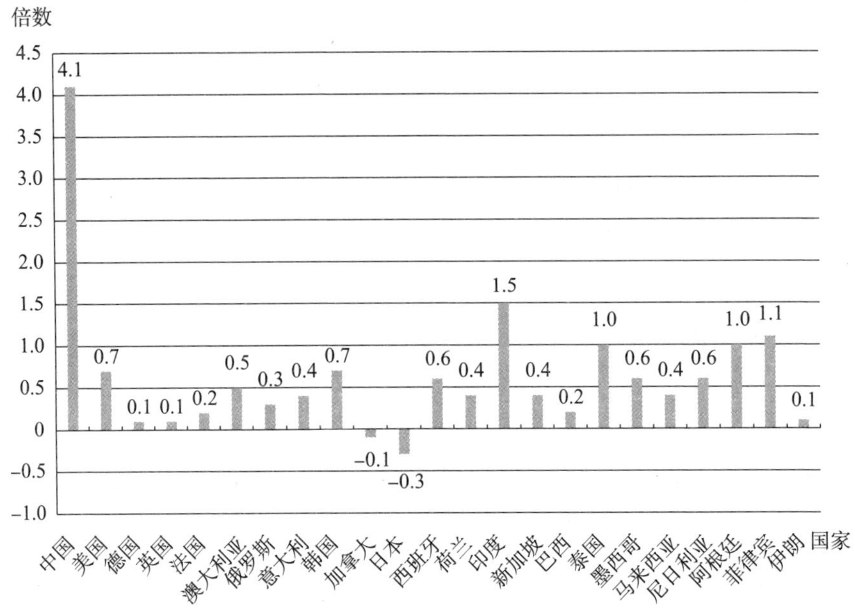

图 2-1　2010—2019 年各国国际旅游支出增长倍数情况

（二）经济发展迅速，居民消费能力稳定增长

中国经过 40 多年的改革开放，社会经济发展取得了前所未有的成就。过去 10 年来，中国 GDP 持续稳定增长，从 2011 年的 487940 亿元人民币增长至 2020 年的 1015986 亿元人民币，特别是 2020 年，在全球新冠肺炎疫情肆虐和国际形势日趋复杂的情况下，中国 GDP 仍达到 101.6 万亿元人民币，增长了 2.5%（见图 2-2），与美国经济差距进一步缩小，人均 GDP 再创新高，超 1 万美元。GDP 的高速增长带来居民消费水平的持续提高，从 2011 年的 10820 元人民币增长至 2020 年的 21210 元人民币，体现了中国居民消费能力的快速提升，也显现了中国旅游消费市场的巨大潜力。目前，中国中等收入群体占比人数位居世界领先。

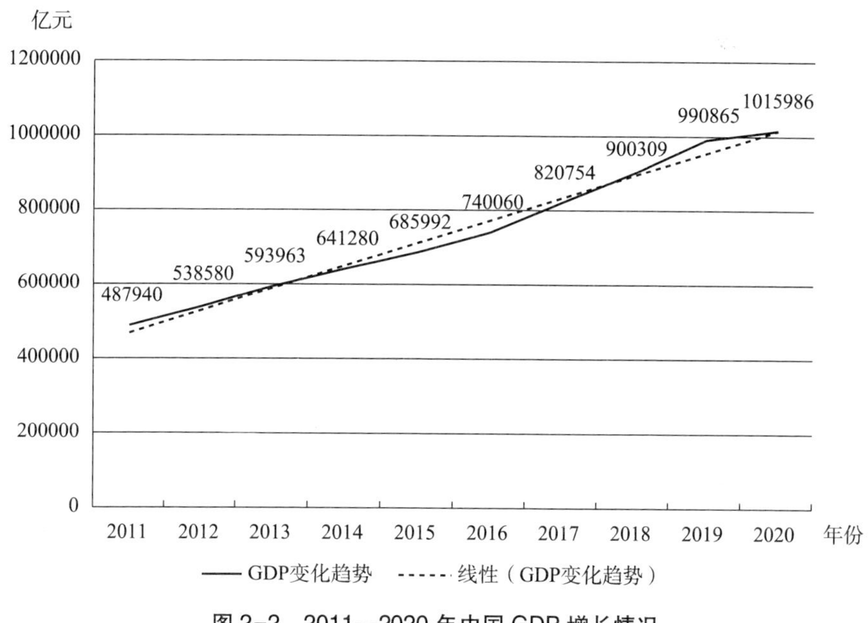

图 2-2　2011—2020 年中国 GDP 增长情况

（三）民众境外旅游意愿强烈

随着居民生活水平的不断提高，人们越来越注重休闲体验，旅游消费的意愿高涨，加上跨境交通和境外支付方式等更加便捷，出境游对中国人来说变得日益普遍。结合第三方出境旅游产品预订数据及境外消费数据分析，相比境内旅游，中国游客更偏好境外旅游。就目前新冠肺炎疫情形势来看，中国游客依旧对境外旅游抱有热情。未来，中国境外旅游仍具有较大的市场潜力。

（四）境外旅游消费居世界首位

中国境外旅游市场在 2014 年正式迈入“亿人次”的大门，并一直保持高速增长态势。2018 年达到约 1.5 亿人次，境外旅游人数同比增长了 14.7%，在全球各主要境外旅游国家中表现突出。2019 年接近 1.7 亿人次，较 20 年前增长了 17 倍。在全球新冠肺炎疫情持续肆虐的大背景下，包括中国在内的众多国家出入境旅游受到了极大的影响，但相较于美国等欧美国家而言，中国依旧占据全球境外旅游的领先位置，中国所在的亚洲出境人数洲际占比达 80%。

联合国世界旅游城市联合会（World Tourism Cities Federation，WTCF）最新数据显示，中国游客为全球创造了超过 20%的国际旅游消费，相较于排名第二的美国游客高出一倍多。同时，WTCF 同益普索联合发布的《中国公民出境（城市）旅游消费市场调查报告（2018—2019）》显示：2012 年，中国游客境外消费总额突破千亿美元，3 年后突破 2000 亿美元，2019 年则达到 3000 亿美元（见图 2-3），该数据展现了中国游客的消费能力正在不断提升。另据世界银行的统计数据表明，2010 年至 2019 年，我国国际旅游支出增长了 4.1 倍，是全球主要国际旅游客源国中增长速度最快的国家，占增量市场的 38%，约为美国的 3 倍。

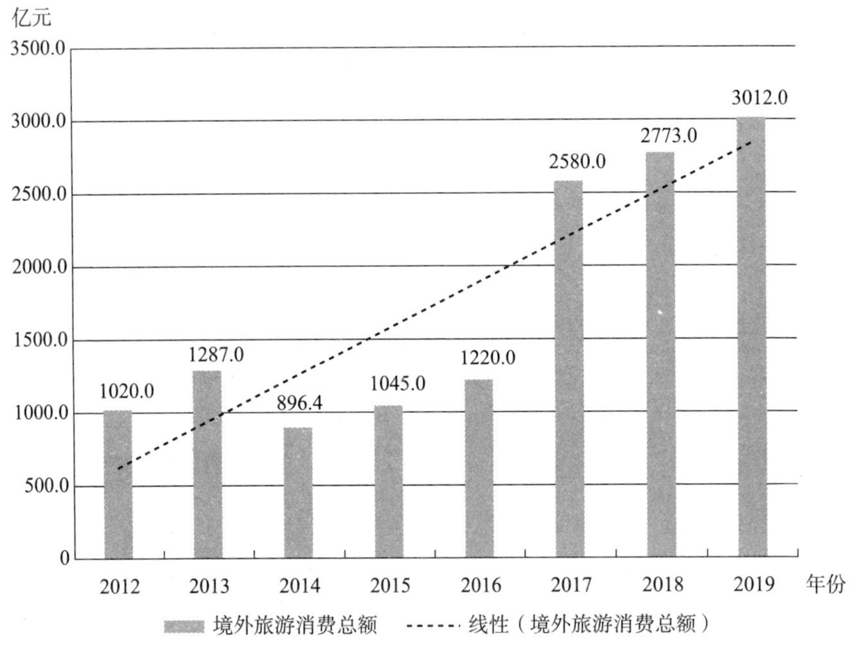

图 2-3　2012—2019 年中国境外旅游消费总额变化情况

不难看出，出境旅游消费已成为中国旅游消费者的重要休闲娱乐方式，其消费能力令其他国家仰视，体现了中国作为全球国际旅游消费的"主引擎"地位，也进一步证实了中国已成为全球国际旅游消费的最大客源地。

二、中国是全球国际旅游消费的最佳目的地

（一）资源禀赋优势明显

中国是四大文明古国中唯一延续至今的国家，历史悠久辉煌，同时，56 个民族缤纷且多样的文化，960 万平方千米的国土面积，孕育了壮丽的山河和不朽的史诗。截至 2019 年 7 月，中国入选世界遗产名录的数量在全球排名第一，共有 55 项文化和自然遗产列入世界文化和自然遗产名录（见表 2-1），包括 33 项世界文化遗产、14 项世界自然遗产、4 项世界文化和自然双重遗产、4 项世界文化景观遗产。其中，万里长城既是中华瑰宝，又是世界七大奇迹之一，与京杭大运河（世界上里程最长、工程最大、最古老的运河之一）一起被称为中国历史上最伟大的两项工程，是中国人民的智慧结晶。秦始皇兵马俑作为世界考古史上最伟大的发现之一，被誉为“世界第八大奇迹”。这些人文资源和自然景观都为入境旅游的发展提供了丰富的资源。同时，中国地理位置适中、地貌迥异、气候适宜，对五湖四海的游客有着极大的吸引力，中国有望成为第一大入境旅游接待国，在国际旅游界的地位将越来越高。

表 2-1　中国入选世界文化和自然遗产名录的资源

类别	入选时间	名称
世界文化遗产	1987 年 12 月	周口店北京人遗址
	1987 年 12 月	甘肃敦煌莫高窟
	1987 年 12 月	长城
	1987 年 12 月	西安秦始皇陵及兵马俑
	1987 年 12 月	北京故宫
	1994 年 12 月	湖北武当山古建筑群
	1994 年 12 月	山东曲阜的孔庙、孔府及孔林
	1994 年 12 月	河北承德避暑山庄及周围寺庙
	1994 年 12 月	西藏布达拉宫
	1997 年 12 月	苏州古典园林
	1997 年 12 月	山西平遥古城

续表

类别	入选时间	名称
世界文化遗产	1997 年 12 月	云南丽江古城
	1998 年 11 月	北京天坛
	1998 年 11 月	北京颐和园
	1999 年 12 月	重庆大足石刻
	2000 年 11 月	安徽古村落：西递、宏村
	2000 年 11 月	明清皇家陵寝：明显陵、清东陵、清西陵
	2000 年 11 月	河南洛阳龙门石窟
	2000 年 11 月	四川青城山和都江堰
	2001 年 12 月	云冈石窟
	2004 年 7 月	高句丽王城、王陵及贵族墓葬
	2005 年 7 月	澳门历史城区
	2006 年 7 月	安阳殷墟
	2007 年 6 月	开平碉楼与村落
	2008 年 7 月	福建土楼
	2010 年 7 月	河南登封“天地之中”历史建筑群
	2012 年 6 月	元上都遗址
	2014 年 6 月	中国大运河
	2014 年 6 月	丝绸之路：起始段和天山廊道的路网
	2015 年 7 月	中国土司遗址
	2017 年 7 月	厦门鼓浪屿
	2019 年 7 月	良渚古城遗址
世界自然遗产	1992 年 12 月	四川黄龙国家级名胜区
	1992 年 12 月	湖南武陵源国家级名胜区
	1992 年 12 月	四川九寨沟国家级名胜区
	2003 年 7 月	“三江并流”自然景观
	2006 年 7 月	四川大熊猫栖息地
	2007 年 6 月	中国南方喀斯特一期
	2008 年 7 月	江西三清山风景名胜区
	2010 年 8 月	中国丹霞

续表

类别	入选时间	名称
世界自然遗产	2013 年 6 月	中国新疆天山
	2014 年 6 月	中国南方喀斯特二期
	2016 年 7 月	湖北神农架
	2017 年 7 月	青海可可西里
	2018 年 7 月	贵州梵净山
	2019 年 7 月	中国黄（渤）海候鸟栖息地
世界文化和自然双重遗产	1987 年 12 月	山东泰山
	1990 年 12 月	安徽黄山
	1996 年 12 月	四川峨眉山—乐山风景名胜区
	1999 年 12 月	福建省武夷山
世界文化景观遗产	1996 年 12 月	江西庐山风景名胜区
	2009 年 6 月	山西五台山
	2011 年 6 月	杭州西湖文化景观
	2013 年 6 月	云南红河哈尼梯田
	2016 年 7 月	广西左江花山岩画

（二）利好政策保驾护航

中国始终坚持发展国际旅游的决心是毋庸置疑的，从国家到地方政府不断出台相关国际旅游发展的利好政策可见一斑，这些政策对我国入境旅游发展的目标定位、发展路径、措施方法都有明确指示。2016 年 12 月，国家发展改革委发布《海南省建设国际旅游消费中心的实施方案》，明确提出要将海南打造成新时期中国面向世界的国际旅游消费中心，并提出了包括离岛免税、邮轮旅游新业态、康养旅游等在内的 27 项具体措施。2019 年，国务院办公厅出台《关于进一步激发文化和旅游消费潜力的意见》，要求不断完善入境旅游环境以推动中国入境旅游更上一层楼，尤其是提升宣传推介、多语种服务、入境支付等重点服务发展水平。

在促进国际旅游发展的过程中，中国不断探索创新，在出入境证件、签证、入境旅游服务商、购物消费等方面不断出台促进入境旅游消费便利化、国际化的政策措施。当前，中国国家层面促进入境旅游发展的政策已渐成体系，除宏观上的发展方向把控外，更注重微观层面上对国际旅游主要方面，如对外营销、发展环境等进行提升，以满足国际游客的新需求，尤其重视加强旅游目的地的国际化宣传营销，多措并举提升国际游客在华旅游便利度，建立统一国际旅游宣介平台，提升多语种的跨文化沟通交流服务水平。

（三）国际旅游客源趋于多元化

随着中国国际旅游的不断发展，市场结构不断优化，入境旅游客源日趋多元化。目前，中国入境旅游客源国构成虽然仍以俄罗斯、东亚、东南亚等近邻为主，但是北美、西欧等地区的客源逐渐增多，“一带一路”倡议等也为中国入境旅游提供了新的发展契机，“一带一路”沿线国家活跃度持续上升，可预见其未来将会是中国入境旅游的重要群体。此外，游客散客化趋势明显，入境游客越来越注重自由与体验，更倾向于深入体验中国本土特色文化和风俗习惯，而不是简单的游览观光。

（四）旅游国际竞争力持续增强

在世界经济论坛（World Economic Forum，WEF）发布的《2019 年度旅游业竞争力报告》中，对世界各国的旅游业竞争力进行排名，以此判断各国在国际旅游发展中的竞争力，中国排名达到第 13 位，这是全球旅游业竞争力评价中国以来的最高排名，在人文旅游资源和商务旅行方面，中国获得了满分 7 分，在 140 个国家和地区中排名第一。联合国世界旅游组织公布的数据显示，2018 年，中国入境旅游接待规模已位居全球第四，属于第一梯队。目前，中国从事入境旅游业务的旅行服务商发展趋于多元化，形成了众多具有国际知名度的龙头型旅游企业，中国在全球旅游行业中的竞争力持续增强。

（五）国际旅游平台持续上线

目前，中国国际旅游已进入平稳增长期。入境旅游散客化趋势明显，其极大刺激旅行社不断探索新的商业模式，出现一批专门为散客提供来华旅行信息的平台，这些平台侧重于细分市场及为满足游客精细化体验提供碎片化、主题性旅行服务的旅行服务商，例如，2015 年成立的 HiChina 是一家有英语和韩语两种语言版本网站的公司，其以当地人的视角，面向外国游客分享更加本土化和中国化的信息，提供超过 200 个以中国为目的地的全套出行指南、攻略及问答等资讯。以深圳沃亚旅行 Come to China 为例，其聚焦已在华旅行的国际旅游散客消费需求，通过开发一些具备中国传统特色的文化体验内容，为入境游客提供个性化的旅行服务“片段”，尤其受欧美游客的欢迎。除此之外，北京的 Lost Plate 专注于特色主题定制旅游，服务主要集中于带领入境旅客体验当地不同的特色美食服务。

（六）国际旅游发展理念不断创新

中国国际旅游发展理念始终保持与时俱进，有效结合政府和市场两大推动力，深度激发旅游市场的内在活力和生命力。一是注重顶层设计。将旅游发展同国家战略深度融合，如将旅游发展同“一带一路”倡议和全域旅游战略相结合，根据“宜融则融、能融尽融”的总思路，努力探索和推动文旅融合发展，从而促进文旅产业的高质量发展，在帮助人民群众更加美好生活的同时，也能更好地为文化旅游发展凝聚新的动力。文旅融合发展提升旅游服务和产品的品质，更好地满足入境游客了解中国文化的需求，抓住“一带一路”倡议发展机遇，将其打造成入境旅游市场的重点开发拓展区域，大力支持在自由贸易区、边境旅游实验区、跨境旅游合作区等区域开展入境旅游产业发展试点，以“厕所革命”为工作抓手推进入境旅游综合服务配套全面升级，推动“一带一路”沿线国家发展互联互通和旅游合作的双向互动，大力开发“一带一路”沿线的潜力客源市场。抓住中国梦的战略机遇，持续提升中国旅游形象和国家形象。二是注重政策叠加效应。包括 72 小时过境免签、航线开辟、边检便利，特别是在“双循环”新发展格局下，中国不断出台各方面利好政策，充分利用政策叠加效应与新冠肺炎疫情深刻影响下旅游、医疗、教育等国际消费回流，拉动国际旅游消费增长，在一定程度上加快了国际旅游消费发展进程，为中国深入推进产业转型升级和提质增效、高质量发展入境旅游提供了重要契机。

（七）国际旅游发展环境不断优化

中国的入境旅游发展环境持续优化，在全域旅游建设和文旅融合发展的新时期，中国入境旅游市场增长趋势将会持续。签证、购物退税、证件的便利化等是影响国际旅游发展的重要因素，中国在这些方面做了大量的创新探索。以推行签证便利化为例，中国着眼于延长过境免签持续时间，在京津冀、长三角、珠三角等地区及海南省实行59国游客免签。文旅融合发展是中国旅游发展的重要趋势，也为国际旅游注入了新动力，尤其是在产品开发方面，有效促进了旅游产品结构更加合理和产品体系更加完善。同时，中国入境旅游接待设施与配套功能的不断完善，使国际旅游服务质量得到了稳步提升，极大地改善了国际旅游的发展环境。中国还不断创新海外宣传营销推广的具体内容和组织方式，推动国际旅游高级别会议、中外旅游年在中国举行，健全平台机制及创建国际旅游组织，其中首届世界旅游发展大会由中国发起倡议并举行，使得中国国际旅游主题形象更加鲜明，国际旅消发展环境不断优化。

（八）国际旅游消费持续增长

2015 年，中国的入境旅游结束了此前 3 年的负增长，实现了正增长，这是中国国际旅游发展重要转折点，在之后的 4 年，中国入境旅游一直保持着一定程度的增长。2018 年，中国接待入境游客达 1.41 亿人次，入境过夜市场、外国人入境市场规模也保持稳定增长，游客人次分别超过6000 万、3000 万，增长率分别达 3.6%和 4.7%，入境旅游收入接近1200 亿美元。

《中国入境旅游发展报告 2019》显示中国国际旅游已经步入稳步增长通道，市场规模稳步提升，市场结构不断优化，服务品质得到高度认可。有关满意度调查也显示，中国国际游客对价格、质量、满意度及忠诚度的评分均在 8 分左右，这反映了国际游客对当前中国入境旅游市场的综合评价较高，对整体情况比较满意，并愿意将中国作为入境旅游的二次目的地。

三、中国孕育了全球国际旅游消费的新动能

（一）拉动国际旅游消费增长

中国旅游研究院发布的《2020旅游经济运行盘点系列报告：世界旅游发展与国际旅游合作》显示，伴随着“一带一路”倡议等的深入实施，中国的出境游规模必将扩大，特别是在“一带一路”沿线国家和区域，中国也主动参与到构建国际旅游新发展格局中，为国际旅游发展提供先进理念、战略措施等。

中国的国际旅游合作已经具备了多层次、综合性的发展特征，中国主导的一些国际旅游合作组织已成为推动世界旅游行业发展的重要组成部分，尤其是中国提出的全域旅游发展理念，极大提升了世界国际旅游发展水平，持续深化的对外开放格局在各个方面为国际游客带来便利，中国各类主场外交活动正为国际旅游合作带来更多的合作机会，中国在世界旅游全球化的作用已经不可忽视、不可替代。

（二）助力世界旅游业发展

旅游推动经济发展已成为各国政府的共识，及时调整旅游发展理念，明确新时期的旅游营销策略、服务方式将是各国政府和旅游发展主体未来的重要任务。中国作为国际旅游的重要目的地，已在不断扩大的国际旅游消费中占据一席之地。在入境旅游方面，中国通过增加国际航线等方式提供更多的交通选择和供给，设立更多的签证和货币兑换服务中心、开设提供多语种服务的旅游网站、设立多语种官方旅游频道和节目等，有效解决了国际游客语言交流沟通不便的难题，使得国际游客旅游消费更快捷、更简单、更方便。在出境旅游方面中国庞大且仍在不断增长的出境游市场正深刻且持久地影响着全球旅游产业发展格局。

中国旅游投资和消费不断扩大，助力世界旅游业健康持续发展。2015年，国务院办公厅发布《关于进一步促进旅游投资和消费的若干意见》，对旅游投资消费发展提供了若干支持政策，提振了投资者对旅游投资的信心。中国旅游业在国际旅游消费方面的作用不断彰显，日益成为全球国际

旅游发展的新动能。

（三）为世界各国国际旅游发展提供中国方案

近年来，中国在发展自身经济的过程中，始终坚持高水平对外开放，促进国际合作，实现互利共赢。中国国际旅游政策顶层设计优势突出，助力国际旅游消费增长，中国国际旅游的发展理念与方案将为世界各国国际旅游发展顶层设计提供中国思路和中国方案。

此外，在“一带一路”倡议等的推动下，中国对于全球旅游发展的贡献度也在不断提升。文化和旅游部数据显示，2019 年上半年，中国的出境旅游人数同比增长 15%，超过 7000 万人次；其中，来自“一带一路”沿线国家的入境游客增长速度最快。可以预见，随着中国经济的发展，中国必将带来更大的入境旅游消费市场和出境旅游客源市场，全球国际旅游发展已离不开中国，而中国也将在此过程中实现国际旅游的新发展。

第二章　中国国际旅游消费新领地——海南

一、海南国际旅游消费新特点

推动海南建设具有世界影响力的国际旅游消费中心是建设海南自由贸易试验区和探索建立中国特色自由贸易港的重要支撑。国家相关系列文件对海南未来国际旅游发展目标、策略路径等都提出了具体要求。海南明确要始终坚持“生态优先、旅游发展”原则，通过不断推动国际旅游发展的体制机制，集成创新，改善优化综合发展环境，推动国际旅游消费与文化、体育、乡村等产业的深度融合，以此催生出更多符合现代国际旅游市场需求和满足游客期望的新业态、新模式，打开国际旅游消费的新边界，最终形成全球领先、特征鲜明的国际旅游消费中心。2019 年，海南省全年接待入境游客达到 143. 59 万人次，同比增速超过 13%，旅游外汇收入接近 10 亿美元，相比于 2018 年提升了 26%。在海南自由贸易港建设的大背景下，海南国际旅游消费持续增长。2017 年海南省政府印发并实行《海南省入境旅游市场开拓扶持办法（试行）》，之后大量的入境旅游企业响应政策开始拓展海外市场，更新、更开放的免税、免签方案不断出台，海南境外旅游消费收入不断上升，海南国际旅游政策优势逐渐凸显。

海南正致力于培育国际旅游消费新业态和旅游消费本土品牌。近年来，随着海南不断推进产业融合，不仅升级改造部分景区和旅游度假区，同时加快创建高质量 A 级旅游景区、旅游度假区、新型旅游综合体，深入推动“旅游+体育”“旅游+康养”“旅游+文化”相互融合，旅游消费国际化、专业化程度不断提高，旅游消费的数字化、智能化转型在体验、管理、服务和营销等层面都进行了升级改造。“椰树”“南国”等本土品牌的竞争力不断提升，多维度促进国际旅游消费转型升级，国际旅游消费新业态不断显现，海南国际旅游消费品牌效应不断提升。

国际旅游消费品牌实现新发展。一是实现了“点”的突破，通过打造各类精品空间，如城市、乡镇、景区景点等，不断增加支撑海南国际旅游消费中心的重要节点。二是海口“双创”、三亚“双修”打造精品旅游城市建设卓有成效，两座城市分别获评“国家卫生城市”和“全国文明城市”。除此之外，海南其他 16 个市县充分利用“双创”这个发展机会，以推动海南国际旅游消费中心建设为目标，不断完善自身国际旅游消费发展环境。三是坚持“项目为王”，通过打造旅游园区、旅游综合体、旅游先行区、旅游度假区等重点项目，以增加未来海南国际旅游消费中心建设的重要载体，提升海南国际旅游核心吸引物的规模、种类和质量。四是旅游景区景点建设取得新进展，海南多家景区被评为 AAAA 级景区，亚龙湾旅游度假区被评为国家级旅游度假区；集中宣传推广的 20 个特色鲜明的旅游小镇和 20 个精品乡村旅游点备受国际游客青睐。

对标国际标准，海南近年着力提升“吃、住、行、游、娱、购”供给水平。旅行公共服务设施配套建造进一步加强，为国内外游客提供舒适方便、安全诚信的服务。围绕海口、三亚等区域中心城市，重点规划培育一批高水平、高层次、国际化的大型旅游消费场所，不断提升步行街的质量，发挥高端商业的集聚效应。一是加快提升改造海南各机场、港口、码头、火车站等基础设施，入岛旅游通道持续优化。二是旅游服务水平不断提升，以度假区、景区景点、风情小镇和乡村旅游点为重点区域，不断完善内外部交通、卫生处理等公共服务设施建设水平。三是推行“厕所革命三年行动计划”，3 年投入超 6000 万元，新改建全省旅游厕所近千座，搭建海南省旅游厕所服务评价管理平台。四是旅游标识系统进一步完善，制定了《海南省旅游标识标牌建设规划（2017—2020）》，全省已建成旅游标识标牌近 7 万块，2017 年奖补和支持市县旅游标识牌建设资金 500 万元。全省已建成三亚、万宁、文昌、陵水等市县游客中心和 80 家旅游咨询服务中心。五是加强旅游人才引进和培养的顶层设计，制定了《海南省酒店业人才培养实施方案》，实施省“旺工淡学”旅游业人才培养项目，组建海南旅游专家委员会，共纳入岛内外旅游专家60名。六是推动全省旅游从业人员素质提升，2019年完成旅游业务培训超过百期，培训人数超过2万人次，涵盖旅游业各阶层从业人员。深入开展文明旅游工作，全省各市县积极举办文明旅游相关活动，推动全省公民的旅游文明素养有力提升。

二、海南国际旅游消费新趋势

国际旅游消费环境不断改善。在全球经济结构中，旅游业作为21世纪才崭露头角的产业，其对经济增长的推动作用和发展潜力毋庸置疑，在国民经济中的重要地位日益凸显。习近平总书记在“4·13”重要讲话中提出将海南建设成为中国特色自由贸易港，海南国际旅游消费迎来新的发展阶段，加快海南国际旅游高质量发展成为加快海南建设自由贸易港的重要一环。

国际旅游消费回流现象日益显现。在新冠肺炎疫情暴发的新局势下，海南迎来了国际旅游消费回流的新趋势。海南相继出台了促进境外消费回流的多项措施，2020年，境外消费回流规模实现翻倍增长，达到约300亿元。同时，海南也在离岛免税购物方面实现了重要突破，离岛免税购物额度提高至每人10万元，免税商品种类扩大至45种，单件商品免税限额与大多数商品的单次购买数量限制被取消，极大地提升了游客离岛免税购物便利化水平，进一步促进海南国际旅游消费提质升级，海南正成为免税购物、国际医疗、留学海南三大品牌回流“磁场”。

国际旅游消费渠道更趋多元化。海南高端旅游趋势日趋明显，其正成为进一步拉动海南国际消费深入发展的重要驱动力。携程2019年数据显示，高端旅游成为近几年海南国际旅游的主要方式。在前往海南海口、三亚等城市的游客中，该平台预订四钻和五钻产品的国际游客人数占比超过70%，其中仅五钻占比就超过60%；海南已培育形成了乡村旅游、森林旅游、购物旅游、康养旅游、体育旅游、文化旅游等高端国际旅游新业态，国际游客的高端化、定制化需求也在不断增长。

国际旅游消费政策更趋全面。在海南自由贸易港建设的大趋势、大背景下，中共中央国务院先后发布了《中共中央国务院关于支持海南全面深化改革开放的指导意见》《海南自由贸易港建设总体方案》等系列文件用以指导海南未来发展方向，其中明确提出了海南要建设国际旅游消费中心，将其打造成中国未来国际旅游发展的重要模范。在新政策的支持下，海南将持续深入推进国际旅游消费发展，将旅游发展与对外开放紧密结合，催生出更多的发展可能性和空间，并充分结合海南自身资源优势与市场需求特点，积极培育国际旅游消费的新热点，在坚持“生态优先、绿色发展”的原则下，充分调动市场主体的活力和创造力，提升海南国际旅游消费服务水平，把海南打造为全球领先的国际旅游消费中心。

三、海南国际旅游消费新动力

近年来，海南旅游发展进入快车道，尤其是习近平总书记在海南建省办经济特区 30 周年大会上发表重要讲话后，国家给予海南诸多政策支持，明确提出了建设海南自由贸易港的国家战略，“三区一中心”成为海南发展的重要方向。打造海南国际旅游消费中心成为未来指导海南旅游发展的重要目标，其要求海南持续推进全域旅游发展，尽快实现旅游业的转型升级，不断培育旅游消费新业态、新热点，打造多层次的国际旅游供给体系，加快提升服务质量和消费水平，系统整合国际旅游消费宣传推介资源，做好、做强与海南国际旅游消费中心相匹配的对外营销体系，进一步提升海南旅游形象，将海南打造成业态丰富、品牌集聚的国际旅游消费中心。

在构建新发展格局和国内国外“双循环”发展的背景下，海南国际旅游消费中心建设具有独特的使命担当。海南应以建设国际旅游消费中心的发展战略为中心，充分利用自身独特的生态旅游资源，尤其是热带森林、热带海洋、适宜气候等旅游资源，发挥自身作为两洋交汇点的地理区位优势，利用好国家赋予的入境旅游优惠等支持政策，将海南打造成国内国际“双循环”的交汇点，不断集聚推动海南自由贸易港的优质旅游资源，以新加坡、迪拜自由贸易港和国际旅游消费区为标杆引领，早日将海南打造为新时代展现中国改革开放和社会主义现代化的重要窗口。

四、海南国际旅游消费新机遇

2011 年 5 月，海南首次启动“离岛免税”政策，通过后续的不断完善，如今海南的离岛免税购物发展已渐入佳境，不仅为海南带来了丰厚的经济收入，而且成了海南国际旅游消费的重要内容，甚至部分国际游客最初的目的便是来海南免税购物。《中共中央国务院关于支持海南全面深化改革开放的指导意见》明确提出，海南应顺应国际旅游消费的发展理念，顺应国际旅游市场的发展趋势，不断拓宽国际旅游消费空间，实现多渠道全面覆盖、多方位提供便捷，形成符合海南自由贸易港与国际旅游消费中心的免税策略和方案。新时代免税政策下的免税消费为海南旅游消费中心的建设提供支持，也为海南国际旅游消费带来新机遇。以中免三亚海棠湾国际免税城为例，目前已成为全球最大的单体免税店，吸引了近 650 个国际品牌入驻。

2011—2021 年，免税政策下的海南免税购物不断发展，10 年间，海南先后新增 6 家离岛免税经营主体，开设 10 家离岛免税店（见表 2-2）。

表 2-2　海南省免税店汇总

城市	店面	位置	经营公司
三亚	三亚国际免税城	海棠区	中免集团
	三亚海旅免税城	吉阳区	海南旅投免税品有限公司
	中服免税三亚国际免税购物公园	天涯区	中国出国人员服务有限公司
	三亚凤凰机场免税店	三亚凤凰机场	中免集团
海口	海口美兰机场免税店	美兰国际机场	中免集团
	海口免税店	琼山区日月广场	中免集团
	海口观澜湖免税店	龙华区观澜湖新城	深圳免税集团
	海控全球精品（海口）免税城	琼山区日月广场	海南省发展控股有限公司
琼海	博鳌免税店	博鳌亚洲论坛景区	海南省免税品有限公司

2011 年至 2020 年十年间，海南离岛免税店提供了约 5 万个就业岗位，免税品销售额约千亿元，年均增长约 44%（见图 2-4）；购物人数达到

2500多万人次，年均增长约30%；购物件数约1.2亿件，年均增长约40%。累计为国人节省购买资金约200亿元，海南离岛免税为消费者提供了更优质全面的购物体验。

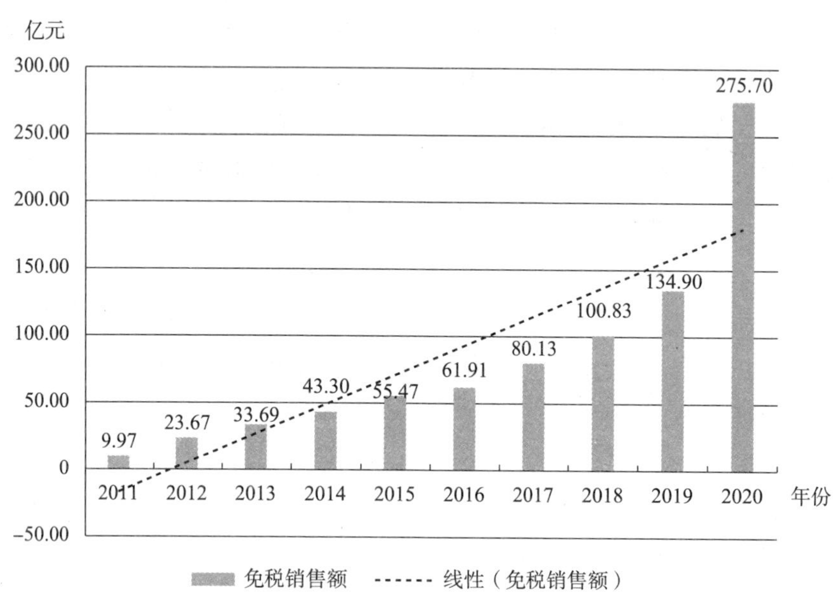

图2-4 海南离岛免税销售额情况

2020年7月，财政部、海关总署、税务局联合发布《关于海南岛旅客免税购物政策的公告》，免税额度提高至每人每年10万元，免税品种由38种增至45种。相较于以往的入境免签政策，此次政策因提高免签额度、免签限额、免签品种，极大地提升了海南入境旅游的便利性。受免签政策影响，海南陆续开通海南直飞各客源地的航班和包机服务，极大地提升了海南的可进入性，推动了海南国际旅游消费中心的交通体系建设。

五、海南国际旅游消费新挑战

对海南来说，国际旅游消费中心建设既是机遇也是挑战。随着国内国外“双循环”的新发展格局的形成，如何在世界百年未有之大变局中走出一条海南独有且卓有成效的国际旅游消费发展之路成为海南人民共同思考的一个重要问题。

从“硬环境”角度来看，目前，海南省涉旅场所的国际化、标准化建设，旅游国际化服务体系建设，应急保障体系及现代化旅游便捷支付体系建设等方面还存在突出问题。旅游产品体系构建、针对境外不同市场的旅游套餐缺乏，旅游营销体系不健全，旅游促销经费的投入不足等问题显著。海南省在地标性大型旅游吸引物、综合体，国际游客聚集区，海南景观设计和形象显示度，差异化、多样化旅游产品体系建设，旅游产品供给体系建设等方面还存在很多不足，亟须打造享誉世界的地标性旅游文化品牌，完善旅游产品供给体系。

从“软实力”角度来看，海南省居民的人文素养、公共管理与服务的人性化和国际化水平等方面都还有待提升，旅游人力资源整体开发水平及旅游行业智力支撑相对世界发达岛屿还有一定差距，与旅游国际化发展需要还有很多不适应。旅游国际化政策扶持力度不足，文化交流“走出去”和“请进来”需要更多媒介渠道，尤其是在民航补贴、邮轮奖励和入境旅游扶持办法方面有待加强，企业开拓入境旅游市场的支持政策和免签政策仍需进一步完善。

从政府管理角度来看，尽管海南旅游市场经营开放度位于全国第一梯队，但是由于国际旅游消费水平参差不齐、政策体系不健全等因素，仍然存在痛点、难点和堵点。首先是海南旅游市场内部依旧不同程度地存在着业务操作不规范等问题，旅游从业人员的专业素质有待提升，服务质量和管理粗放问题明显，旅游潜水和旅游演艺市场收费不规范；内部管理体制与市场经济发展不相适应，旅行社参差不齐；旅游管理机构职能设置、人员素质、体制机制等仍是制约海南国际旅游消费中心建设的重要因素；标准化进程慢，行业法规不完善，执法水平低，部分管理职能发挥不充分，现代管理机制尚未建立。

同时，如何处理好海南国际旅游发展与生态保护的关系也是海南面临的问题，需要从根本上形成发展与保护的双向互动关系，海南要把握好旅游发展的底线和路线，将生态优势和开放优势融入国际旅游消费中心建设，在绿色发展的背景下，不断推动全球优质资源的集聚，尤其是加快吸引人才、技术等高端要素，以促进形成特色鲜明、竞争力强的优势国际旅游消费产业，为全国旅游高质量发展提供示范。

六、海南国际旅游消费新贡献

海南国际旅游消费的不断发展将促进海南自由贸易港的建设。在新的时代背景下，其对海南整体社会经济发展的贡献不断显现。

一是有效增加资金积累和外汇收入。在建设海南自由贸易港的过程中发展国际旅游消费能够加快资金周转，提高外汇收入，节省商品外贸过程所需的运输、仓储、保险等费用。海南未来将按照零关税、低税率、简税制、强法治、分阶段的原则，逐步建立起海南自由贸易港的特色税收制度，这将极大地提升旅游消费投资主体的投资意愿，而旅游消费发展带来的税收将弥补前期的税收优惠，最终形成一套健康持续的发展机制。二是提供大量就业机会。国际旅游消费产业作为劳动密集型产业，就业门槛低、范围广、层次多，能够为农村等地带来大量的劳动力就业机会；国际旅游消费发展亟需众多高端人才，这将为高端人才在海南集聚提供可能。三是提高人们的物质文化生活水平。大量国际旅游消费业态的形成与构建，除了更多地满足游客物质精神需要外，在旅游过程中也可开阔游客眼界和学习，进行自我提升。海南建设国际旅游消费中心也是在不断改善投资环境、推动招商引资、优化营商环境的过程，许多外国投资者以旅游为契机认识中国，了解中国的投资环境。国际旅游业的发展将带来前所未有的资金流、人流、信息流，大量的企业家、专家和学者将带来先进的技术和经营理念，从而促进海南省对外开放、与国际接轨及自由贸易港国际化的发展进程。

第三篇

战略篇

第一章　国家高位推动全局谋划

习近平总书记在庆祝海南建省办经济特区30周年大会上赋予海南经济特区改革开放的重大责任和使命。建设海南国际旅游消费中心是我国建设社会主义现代化强国伟大征程中的一次重要探索，是党中央和国务院在新格局和新形势下赋予海南的光荣使命。国际旅游消费中心是海南落实全面改革开放“三区一中心”四大发展战略定律之一。

一、《总体方案》统筹谋划发展框架

（一）构建国际旅游消费政策制度体系

海南自由贸易港建设以海南国际旅游消费中心为重点发展内容，是国家基于世界保护主义、单边主义抬头，全球化趋势受到更多发展不确定因素影响谋划推动的，我国正处于历史发展的重要转折点，需要探索建立更为开放的经济新体制，而海南是我国最大的经济特区，在实行深化改革和改革开放政策上都具有独特优势。《海南自由贸易港建议总体方案》（以下简称《总体方案》）从11个不同角度（投资自由便利、贸易自由便利等）指出改革开放的关键点，为国际旅游消费中心高质量、高水平发展提供了全方位、多层次的政策方向指导。

在贸易自由便利方面，秉承“一线”放开、“二线”管住、岛内自由和推进服务贸易自由便利的思路，持续促进国际旅游消费的贸易自由便利。《总体方案》中关于“实施跨境服务贸易负面清单制度，破除跨境交付、境外消费、自然人移动等服务贸易模式下存在的各种壁垒，给予境外服务提供者国民待遇。实施与跨境服务贸易配套的资金支付与转移制度”[①] 的要求对提升海南建设国际旅游消费中心的服务水平具有极大的促进作用。

在投资自由便利方面，为确保国际旅游消费与投资的自由化和便利化，海南创新完善旅游消费投资自由制度，推动实施旅游消费市场准入承诺制度；放宽市场准入，严格落实“非禁即入”，完善产权保护制度。2021 年 4 月，《国家发展改革委商务部关于支持海南自由贸易港建设放宽市场准入若干特别措施的意见》经国家发展改革委和商务部联合印发实施，进一步为海南市场准入体系与市场环境建设提供依据。同时，《总体方案》要求坚持过程监管、“有事必应、无事不扰”原则，要求在市场竞争公平层面打破行政性垄断，维护公平竞争市场秩序，以上举措都有利于提升国内外投资者参与海南建设国际旅游消费中心的信心。

在跨境资金流动自由便利方面，2021 年 4 月，《关于金融支持海南全面深化改革开放的意见》由中国人民银行、中国银行保险监督管理委员会、中国证券监督管理委员会和国家外汇管理局联合发布，在金融体系建设、金融业对外开放水平、人民币可兑换水平等层面提出了进一步加速国际旅游消费的跨境资金流动自由便利性的具体要求，从多功能自由贸易账户体系建设、便利跨境贸易投资资金流动、扩大金融业内外双向开放、加快实施金融改革创新四个方面加大实施力度[②]。

在人员进出自由便利方面，以建立健全人才引进培育、管理服务、出入境政策为重点提升国际旅游消费的人员进出自由便利化，特别是要根据海南自由贸易港建设实际需要，以市场需求为导向，针对高端产业人才、专业技术技能人才实行更加开放的人才和停居留政策；同时要提升政府对人才的服务保障水平，建立与国际接轨的人才评价机制、人才服务管理制度、出入境管理政策，打造海南自由贸易港人才集聚高地。

在运输来往自由便利方面，综合利用多种措施，全面提高服务保障水平，促进运输来往更加便利，强化海南作为国际航运枢纽和航空枢纽的发

① 《国务院关于印发中国（海南）自由贸易试验区总体方案的通知》。

② 《中国人民银行 中国银行保险监督管理委员会 中国证券监督管理委员会 国家外汇管理局关于金融支持海南全面深化改革开放的意见》。

展优势，探索建立现代航运经营管理体制和海员管理制度，确保相关制度适应海南自由贸易港发展，逐步取消境外融资过程中对船舶和飞机的限制，进一步放宽航路航权限制和空域管制，完善基本设施、设备建设，海南国际旅游消费中心的运输来往自由便利性将在未来得到明显提升。

在数据安全有序流动方面，在未来一段时期逐步实现海南数据开放与国际无缝连接，持续扩大通信业务及资源开放，基础电信业务和增值电信业务有序开放将为海南建设国际旅游消费中心提供国际化、便利化的数据服务。

在现代产业体系建设方面，《总体方案》明确提出海南要大力发展三大重点产业（旅游业、现代服务业、高新技术产业），三大重点产业取得重要成果即标志着国际旅游消费中心的建成。其中发展核心便是旅游业，未来海南旅游业要围绕国际旅游消费中心建设，以旅游促经济高质量发展，不断挖掘提升旅游业的发展联动作用，探索“旅游+”“+旅游”新业态、新模式，促进旅游与文化、体育等相关业态深度融合，依托高新技术产业优势，打造一系列独具海南特色的国际化旅游核心吸引物，提升旅游国际服务水平，实现旅游的跨越式发展。在总体方向上，海南国际旅游消费中心建设与海南三大重点产业发展相一致，充分实现发展的协调性和联动性。

在税收制度方面，秉承零关税、低税率、简税制、强法治、分阶段的原则。逐步进行低税率和简化税制，强化法制对偷漏税行为的监督管理和处罚。此外，在2025年完成全岛封关之前实行部分进口商品免征进口关税、增值税和消费税，之后除特色商品外实现全部免征关税，丰富国际旅游消费品国际化供给，为海南建设国际旅游消费中心提供更好的市场环境。

在社会治理方面，以构建科学规范、系统完备、运行有效的自由贸易港治理体系为宗旨，重点是推动政府职能转变、深化政府机构改革、创新生态文明体制机制、构建共建共治共享社会治理格局，提升社会现代治理能力，为海南建设国际旅游消费中心提供安全、稳定、有序的社会环境。创新生态文明体制机制，提升海南的生态环境保护治理能力，为国际生态旅游消费发展提供有益支撑，进一步促进国际旅游消费中心新业态、新模式发展。

在法治制度方面，《总体方案》明确要制定实施海南自由贸易港法，支持海南充分行使经济特区立法权。2021 年 6 月 10 日第十三届全国人民代表大会常务委员会第二十九次会议通过了《中华人民共和国海南自由贸易港法》，从投资自由便利、贸易自由便利、生态环境保护、财政税收制度、产业发展与人才支撑、综合措施 6 个层面为海南自由贸易港建设提供了法律支持和法制保障，也为海南培育国际旅游消费中心建设保驾护航。

在风险防控体系方面，随着国际形势出现的新变化，海南自由贸易港开放水平的提升也将面临诸多挑战，亟须对商业贸易、金融投资、数据流动与交互、公共卫生和生态保护等领域存在的重大风险进行防范。同时海南建设国际旅游消费中心也将面临上述风险，以新冠肺炎疫情为例，后疫情时期我国的主要风险来源于国际人员来往，公共卫生防控救治体系建立与否将直接影响国际旅游消费中心建设。

（二）打造国际旅游消费现代产业体系

海南国际旅游消费中心是海南现代产业体系的重要构成，同时也是海南自由贸易港现代产业发展的重要成果和预期目标。《总体方案》规划了海南现代产业体系框架，即以海南旅游业、现代服务业、高新技术产业三大支柱产业为主。

国际旅游消费集旅游业和现代服务业、高新产业为一体，旅游业重点打造新业态、新模式；现代服务业要以建立全球开放程度最高、服务质量最好的自由贸易港为目标，形成包含国际旅游消费在内的现代服务全覆盖，打通连接社会经济发展的每个环节，同时要把物联网、人工智能、区块链、数字贸易等新技术作为海南国际旅游消费中心的上下游产业能级、产业质量、产业规模、产业可续性提升的强力引擎，大力发展高新技术产业；服务国际旅游消费中心建设，打造国际旅游消费新热点，发展特色旅游产业集群。2021 年 4 月，商务部印发实施了《海南省服务业扩大开放综合试点总体方案》，进一步支持海南自由贸易港建设和扩大服务业开放，在提升服务业开放发展的体制机制、推动服务业重点行业领域深化改革扩大开放、强化服务业开放发展的政策和要素保障等方面均做出了重要部署，极大推进了海南建设国际旅游消费中心的进程。

重要政策（节选）

特定领域服务业。文化、体育和娱乐业：创新国家体育旅游示范区建设，推动体育与旅游深度融合，支持旅游景区拓展体育旅游项目，鼓励旅行社等旅游企业结合体育休闲项目和体育赛事活动设计开发旅游产品和路线。鼓励外商投资旅游业，参与商业性旅游景区景点开发建设，投资旅游商品和设施。支持海南深化属地网络游戏内容审核试点，加强网络游戏知识产权保护，吸引创作团队聚集，促进游戏产业整体创新能力的提升。支持中外企业在文化领域合资合作。优化营业性演出审批管理，为文艺表演团体或个人来试点地区参加营业性演出提供便利。

（节选自《海南省服务业扩大开放综合试点总体方案》）

（三）规划国际旅游消费发展建设蓝图

《总体方案》以2025年、2035年和21世纪中叶为时间节点，制定了海南自由贸易港建设分步骤、分阶段的重点任务，2025年，海南将基本建成国际旅游消费中心，同时海南自由贸易港建设在此年也将实现重大突破，贸易投资自由化、便利化取得关键成果和经验，在有效监管的前提下实现有序开放，全岛的封关运作启动顺利。2035年，海南将成为具有全球影响力的旅游消费目的地、世界知名的旅游消费中心和世界消费经济高地，海南自由贸易港建设也将迎来丰收期，自由贸易港将具有更加成熟的制度体系和运作模式，并成为我国开放性经济新高地。到21世纪中叶，海南自由贸易港建设将全面完成，海南成为国际旅游消费中心、世界知名的旅游度假区和购物天堂，实现全部建设目标。

2025年前，海南自由贸易港建设重点将加强海关特殊监管区域建设，对部分进口商品实行零关税政策，减少对跨境服务贸易的限制，实行“极简审批”投资制度，设立跨境证券投融资政策改革试点，加快金融业对外开放，增强金融服务实体经济能力，实施更便捷的免签证入境政策，实施更加开放的航运政策，实行更加开放的航空运输政策，促进数据流动，深化产业对外开放，优化税收政策，加大中央财政支持力度，给予充分的法律权力，加强土地利用和海洋安全，为封关业务做准备，在适当的时候启动全岛封锁行动。

2035 年前，海南自由贸易港建设重点任务将促进自由贸易，促进便捷的投资，促进资本跨境自由流动，促进便捷的交通运输，促进数据的安全有序流动，推进财税体制改革①。海南国际旅游消费中心与海南自由贸易港建设时间的一致性将更有利于实现两者的协同发展。

二、《实施方案》明确落实发展定位

（一）打造旅游高质量发展示范区

《海南省建设国际旅游消费中心的实施方案》（以下简称《实施方案》）明确提出要将海南打造成我国重要的旅游高质量发展示范区。海南应将绿色发展、生态优先贯穿海南旅游发展的每个环节，紧紧把握“绿水青山就是金山银山”理念，充分利用好海南最大的财富——“生态”；同时要坚持“全域旅游”发展理念，把全省作为一个大景区发展，从供给侧结构性改革入手，以市场需求为导向，实现资源的有效整合和配置优化；顺应我国旅游业从粗放型增长到品质化提升的发展趋势，舍弃一味追求数量扩张的单一低效模式，转向追求增质增量齐发展，充分发挥科技创新应用、管理科学高效、业态丰富完善、产业特色鲜明等在旅游高质量发展中的推动作用。

重要政策（节选）

拓展邮轮旅游。鼓励吸引国际邮轮注册，发展国际邮轮和外国游客入境旅游业务。对外国旅游团乘坐邮轮入境实行 15 天免签。研究扩大邮轮航线至更多国家和地区。允许以国际中转物资方式入境的邮轮维修备品、备件等，办理海关申报和检疫手续后直接供船。

发展游艇旅游。放宽游艇旅游管制，简化入境手续，探索在海南省管辖海域对境外游艇实施游览水域负面清单管理。降低游艇入境门槛，进一步提升游艇通关便利化水平，对海南自驾游进境游艇实施免担保政策。

① 《国务院关于印发中国（海南）自由贸易试验区总体方案的通知》。

稳步发展低空旅游和海岛旅游。深化低空空域管理服务保障示范区建设，探索在适宜的景点景区、特色城镇开展热气球、直升机、水上飞机等通航观光体验和翼装、滑翔、跳伞等航空运动。

壮大健康旅游消费。全面落实完善博鳌乐城国际医疗旅游先行区政策，办好和引进博鳌超级医院等一批先进的医疗及医养结合机构，对于先行区医疗机构因临床急需进口少量药品（不含疫苗）的，由海南省人民政府实施进口批准，鼓励高新医疗技术研发，高端医疗装备、新药品的应用，将先行区建成世界一流水平的国际医疗旅游目的地。

提升文化旅游消费。推动文化与旅游相结合，大力发展动漫游戏、网络文化、数字艺术、数字阅读、知识产权交易等新型文化消费业态。发展国际版权贸易，鼓励具有中国特色的影视、出版、演艺、动漫、游戏、软件等产业的版权输出。研究探索符合条件的外商独资或中外合资、中外合作拍卖企业在国家南海文博产业园区从事文物拍卖业务。

发展会展节庆旅游消费。实施更加开放的会展业发展政策，允许境外组织机构在海南举办符合国家法律规定的会展。高水平建设一批国际化的会展设施。重点打造海口、三亚、琼海国际会展集聚区。

扩大体育旅游消费。全面推进体育与旅游产业融合发展，建立完善的体育旅游产品体系和产业政策体系，建设国家体育旅游示范区。鼓励沙滩运动、水上运动、赛马运动、航空运动、汽车摩托车运动、户外运动等项目发展。支持海南加快探索休闲渔业规范化管理，有序发展游艇游钓。放宽参赛运动船艇、飞行器、汽车、摩托车的入境限制。加快建设国家体育训练南方基地，打造一批国际一流的运动训练和赛事基地。

加快发展全域旅游。大力推进“旅游+”，促进旅游与其他产业融合、产城融合，打造创意产品、体验产品、定制产品和各类旅游新业态。推进全域统筹规划、合理布局、服务提升、系统营销，全力推进“美丽海南百镇千村”工程，建设美丽宜居村庄、旅游小镇、风情县城，打造一批精品旅游景区和旅游度假区。

（节选自《海南省建设国际旅游消费中心的实施方案》）

（二）打造旅游体制机制创新试验区

《实施方案》明确了旅游体制机制创新试验区作为海南国际旅游消费中心建设的重点内容。国家赋予海南自由贸易试验区的重要使命为海南旅游体制机制创新提供了史无前例的发展环境，其拥有“积极探索、先行先试”的发展优势。海南要全面推行旅游体制机制的整体性、系统性改革，将旅游业作为海南现代服务业的发展核心，强化旅游在全省及各市县区域的发展地位，力争为全国旅游业未来改革开放发展提供海南智慧。

重要政策（节选）

推进旅游公共服务设施建设。实施旅游咨询服务国际化提升工程，加快旅游服务中心建设，完善多语种服务、医疗保障、紧急医学救援、应急救援、外币兑换等便利化服务功能。加大旅游厕所建设力度，尽快实现卫生实用、生态环保、管理有效的旅游厕所全覆盖。加强旅游安全监管，提升景区应对台风、大雾等极端天气的应急处置能力。完善旅游交通布局，推动机场、港口码头、车站到主要景点景区无缝衔接。

加强旅游消费市场监管体系建设。深化旅游消费市场监管体制机制改革，提升综合执法水平。整合市场主体、商品服务质量、消费投诉举报、商品服务定价、知识产权、行政处罚、抽查检测等监管数据，建立以大数据为依托的“云监管”服务平台。成立公益性消费维权组织，形成依法监督和社会监督并举的监督机制。

加强旅游诚信体系建设。建立健全各级社会信用体系，加强人员、经费等工作保障。完善旅游经营者和从业人员“红黑名单”管理机制，开展消费投诉公示工作，推进守法诚信褒奖机制和违法失信行为联合惩戒机制落地，积极开展“信易游”相关工作，为守信的单位和个人提供更加便利和优惠的旅游服务。建立旅游诚信系统，加强对旅行社、酒店、饭店、景区、乡村旅游单位及旅游从业人员信用信息的记录和整合。

创新消费者权益保障体系。建立完善多部门参与的旅游消费维权投诉处理反馈机制。落实“消费者冷静期”制度，开展线下购物无理由退货试点。支持行业协会或第三方机构设立“消费纠纷先行赔付基金”，推进经营者首问和赔偿支付等维权制度，实现小额消费纠纷快捷处理，加强政策引导和监管。

（节选自《海南省建设国际旅游消费中心的实施方案》）

（三）打造世界知名国际旅游消费胜地

海南未来的发展是开放的、面向世界的，根据《实施方案》的核心定位，将海南打造成世界知名的旅游消费目的地。海南拥有全国独一无二的区位和资源优势，要积极推动旅游发展和旅游消费与国际先进模式的有机衔接，培育和引进国际化市场主体，积极参与国际合作分工，基于海南旅游消费发展实际和未来发展趋势，科学推进国际旅游质量标准化建设，完善旅游国际化人才引进机制和培训机制，全面提升旅游服务国际化水平、旅游管理国际化水平和对外交流合作水平，打造特色鲜明、品牌类别集中、生态优良、产业多元丰富、环境怡人舒适的国际旅游消费度假区。

重要政策（节选）

培育和引进国际化市场主体。支持符合条件的旅游业企业上市融资，促进旅游产业规模化、品牌化、网络化经营，形成一批具有国际竞争力的旅游集团、知名旅行社和专业旅游服务公司。支持旅游特色银行、旅游保险、旅游消费信贷等特色旅游金融服务机构在海南设立分支机构，为海南国际旅游消费中心提供专业旅游金融产品和服务。允许在海南注册的符合条件的中外合资旅行社从事除台湾地区以外的出境旅游业务。基本实现外商投资旅游业在准入资格、投资占比、经营范围与国内市场主体一致。

推进旅游质量国际标准化建设。支持创建旅游服务标准创新基地，制定符合国际通行范例、具有海南特色的旅游标准体系和作业程序。与国际标准化组织（ISO）及其他国内外标准化组织建立合作关系，推动更多企业开展国际标准化质量和环境管理体系认证。鼓励涉旅企业开展管理体系和服务认证，海南省可对通过认证的企业予以适当奖励。

提升旅游服务国际化水平。培养旅游消费领域外语人才，促进旅游外语服务水平提升。

加强旅游通道建设。支持海南进一步完善海陆空交通基础设施，成为连接“一带一路”国家的重要交通枢纽。加快推进海口机场改扩建工程，加快推动三亚、儋州、东方/五指山机场建设。深化空域精细化管理改革，扩大海南民航可用空域，优化调整航路航线，增加更多境外航班时刻容量。加密海南直达主要客源地的国际航线。支持海南博鳌机场尽快列为国际口岸，开通国际航线。完善通用机场布局。

提升国际游客入境便利化水平。及时总结59国外国人入境旅游免签证政策实施效果，加大出入境安全措施建设，为进一步扩大免签创造条件。为外国游客到海南就诊提供签证证件便利。引导旅行社加强对外国游客办理来琼手续的便捷服务。支持“一带一路”沿线国家在海南设立领事机构。

（节选自《海南省建设国际旅游消费中心的实施方案》）

三、“三区一中心”助力发展布局

（一）全面深化改革开放试验区

海南国际旅游消费中心建设的重要组成部分是坚持改革开放。新时代，海南要以供给侧结构性改革为主线，坚持创新投融资方式，实施创新驱动发展战略，深化推进经济体制改革，深化国有企业改革，完善现代企业制度和产权保护制度，继续弘扬“敢闯敢试、敢为人先、埋头苦干”的特区精神。

一是建立现代化经济体系。深化供给侧结构性改革，继续加快传统产业转型，加快构建以旅游业为龙头的现代服务业，夯实实体经济供给体系；在深海检测、海洋资源开发利用、航天应用、南繁科研育种、热带农业科学等方面实现快速突破，全面实施创新驱动发展战略，加快推动科研基地建立、管理体制改革、知识产权保护相关工作；加速经济体制改革，深入推进发展，以完成产权保护制度完善、农垦改革深化、国有企业改革、投融资方式创新等为主要任务；基于适度超前、互联互通、安全高效、智能绿色的原则，加快“五网”“数字海南网”建设，加快现代基础设施建设速度，提高基础设施网络化和智能化水平。

二是推动形成全方位开放新模式。建设高水平、高质量、面向全岛的自由贸易港，以制度创新为核心，深化精简行政管理、促进管理权力下放、分散管理服务、全面优化服务改革，加强营商环境的法治化、便利化、国际化水平。全面提升政府治理能力。加快探索建设海南特色自由贸易港，建设以旅游、现代服务业和高新技术产业为支柱的高水平开放型经济。加强风险防控体系建设，加强投资运作过程中和过程后监控，优先防范化解重大风险，建立“全覆盖”“双随机、一公开”监管，有效防控金融风险。

（二）国家生态文明试验区

生态是海南最大的财富，生态环境是支撑海南国际旅游消费中心建设的重要组成部分，建立国家生态文明试验区是推进海南生态环境建设的重要手段和目标。海南要牢固树立、始终坚持、全面贯彻社会主义生态文明观，建立绿色发展导向的评价考核体系，加快健全生态文明建设长效机制，建立环保机构监测、监督执法的垂直化管理制度，进一步完善生态文明制度体系，建立健全生态保护补偿机制，探索构建自然资源有偿使用和产权制度体系等，创新现代生态环境和资源保护管理机制。以设立热带雨林国家公园、生态系统保护和修复重大工程、节约用地制度、设立生态红线、生态移民搬迁等为重要途径构建国土空间开发保护制度。将“绿色、循环、低碳”理念贯穿全省、全行业、全社会生活中，打造全民参与的绿色生产生活。

一是完善生态文明体系。建立国有自然资源资产管理和自然生态监察管理机构，加快建立长效生态文明建设机制，探索落实海南省环保厅垂直监测、监督执法管理制度，财政转移支付资金分配挂钩生态保护补偿机制，党政领导干部自然资源资产出境审计和环境损害责任追究制度，绿色产品政府采购制度，环境信用评价制度，信息强制公开和加重惩罚制度等，实现河长制、湾长制、林长制、湖长制覆盖全省。

二是构建国土空间开发保护制度。严格控制自然生态空间利用，严守生态红线，加强自然保护区监督和管理，研究编制海南省海洋主体功能区规划，探索建设热带雨林等国家公园，以提高生态系统质量和稳定性为目标，织构生物多样性保护网络，建设生态廊道。逐步进行生态环境脆弱敏感地区的居民安置。

三是倡导绿色生产生活方式。加快构建绿色产业体系，坚持“绿色、循环、低碳”理念，以行业准入负面清单制度的构建全面禁止低端制造业和“三高”（高能耗、高污染、高排放）行业发展，推动制造业向智能化、绿色化和服务型转型。探索在生态农业循环、清洁能源供应体系、共享经济发展新模式、新能源汽车和节能环保汽车等领域发展。

（三）国家重大战略服务保障区

海南重要的地理区位决定了海南在国家发展大局中的重要地位，海南在高标准建设国际旅游消费中心的同时要履行好党中央赋予的重要使命，积极承担责任，为国家海洋强国建设、“一带一路”展望和军民融合发展贡献海南力量。既要发展海洋旅游，也要提高对南海综合治理和开发能力，完善海洋法律体系建设，支持三亚海洋旅游合作开发基地，有序探索南海岛屿旅游和海洋旅游。在“一带一路”倡议背景下，将海南国际旅游消费中心打造成“一带一路”建设中的重要战略支点，打造覆盖“一带一路”沿线国家和地区的国际旅游消费交流合作平台。按照国防部署要求，加强旅游发展和旅游消费在合理管控前提下的有序探索，挖掘海南文昌国际航天城、生态岛礁等新军民融合精品的旅游价值。

一是创新人才培养机制。支持海南大学等省内高校培养国家级人才，设立中外合作办学项目，鼓励国内外高校入驻海南设立分校，支持国内外优质教育资源进入海南，完善职业教育培训体系，深化产教整合、加强校企合作力度。

二是构建更加开放的引才机制。设立国际人才管理改革试点，落实外来人才引进机制，降低外籍人员和我国港澳台地区优秀人才就业、落户限制，支持国内外优秀学生就业创业，加大人才计划建设力度，探索建立完善的人才激励机制。

三是建设高素质专业化干部队伍。在确保选人用人导向正确的前提下，多渠道引进社会优秀人才进入党政干部队伍，增强干部队伍综合及专业能力，保障开展公务员境外培训，鼓励干部到基层学习工作。

四是全面提升人才服务水平。加大公共服务供给，提升公共服务供给品质，从家庭住房、人才就业、子女教育、社会保险等方面入手，保障人才在海南的权益，让其无后顾之忧。

第二章　海南积极作为自发探索

海南当前社会经济发展的主要目标之一是建设国际旅游消费中心，这一目标无论是从发展要求还是从发展效益来看，都不局限于旅游业或现代服务业，这就要求海南从底层发展逻辑上坚持实现国际旅游消费中心发展的系统性、全局性，跳出将其作为单一产业的思维误区，不仅要在旅游层面给予政策支持，而且要在社会经济总体发展层面给予应有的重视和支持。

一、“十四五”期间基本建成国际旅游消费中心

（一）积极拓展旅游消费业态

《海南省国民经济和社会发展第十四个五年规划和二〇三五远景目标纲要》要求在“十四五”期间基本建成国际旅游消费中心，将海南打造成国际知名度假天堂、康养天堂、购物天堂和会展高地，坚持标准化、国际化、智能化、高端化、特色化、全域化的发展理念，充分挖掘海南独特的资源优势和政策优势，构建旅游消费新热点、新业态、新模式，完善“旅游+”在全省范围内的综合布局，打造全业态旅游消费模式，特别是要发挥海洋、购物、医疗康养、生态、会展等产业与旅游产业的深度有机融合，不断拓展旅游消费空间。

发展目标（节选）

海南坚持把全省作为一个大景区来谋划布局建设，加强旅游供给侧结构性改革，注重需求侧管理，促进旅游消费提质升级，提升旅游国际化品质，加快建设国际旅游消费中心，打造国际知名度假天堂、康养

天堂、购物天堂和会展高地，努力形成“处处有旅游、行行加旅游”的全域旅游格局。到2025年，接待游客总人数突破1.1亿人次，旅游总收入突破1800亿元。

（节选自《海南省国民经济和社会发展第十四个五年规划和二〇三五年远景目标纲要》）

（二）加快创建全域旅游示范省

当前，我国旅游业发展的重要理念是全域旅游，它是推动我国旅游业迈向高质量发展阶段的重要模式，这一模式将在海南建设国际旅游消费中心过程中发挥作用。当前，海南省内已建成一定数量的全域旅游示范区，计划在2025年建成全域旅游示范省。“十四五”期间，海南应坚持注重实效、突出示范，空间上实现点线面的科学结合，将海南作为一个“大景区”来谋划、布局、建设，不断完善和提升公共设施配套，不断完善旅游城市、小镇、景区、乡村、街区等的发展形态，旨在形成“处处有旅游、行行加旅游”的全域旅游模式，这将极大地推动海南国际旅游消费中心建设。

（三）提升海南旅游国际化水平

海南国际旅游消费中心建设必须加强海南旅游的国际化水平，借鉴新加坡、迪拜、东京等国际一流旅游消费目的地先进经验和发展模式，充分运用海南自由贸易港政策优势，聚焦旅游发展自由化和便利化、旅游产品国际化、国际游客通达便捷化、旅游人力资源国际化，促进旅游消费在国际化层面的突破式、跨越式提升，主动融入旅游经济全球化格局，进一步吸引入境游客，重点提高针对俄语区、中国港澳台地区、东南亚、日韩等当前主要客源市场的服务能力和水平，进一步提升在中亚、西欧、澳新、北美、中东等新兴客源市场的知名度，提升国际美誉度和开放度。

二、“智慧海南方案”积极践行国家战略使命

（一）打造“数字孪生”和“智慧赋能”

为更好更快地建设海南自由贸易港和部署“三区一中心”国家战略，

促使数字经济驱动经济高要求发展，进一步加速海南国际旅游消费中心建设的数字驱动高效引擎，海南省制定了《智慧海南总体方案（2020—2025年）》。以打造国际旅游消费智能体验岛、国际信息通信开放试验区、精细智能社会治理样板区和开放型数字经济创新高地为智慧海南的总体发展目标。建立健全现代治理智能监管机制和立体防控智能生态治理机制，实现基于“数字孪生”、虚实融合的全省治理实践，努力推进智慧治理，完善国际旅游消费服务、数字政务和智慧公共服务，加快产业优势数字化转型，做大做强产业数字化企业，为社会经济发展提供“智慧赋能”。同时，加强建设5G互联网、物联网，增强海南国际信息通信能力和服务能力，推动海南在信息服务、互联网商务开放国际领域占据领先地位。实现以“智慧赋能自由港”和“数字孪生第一省”为标志的“智慧海南”于2025年基本建成。（见图3-1）。

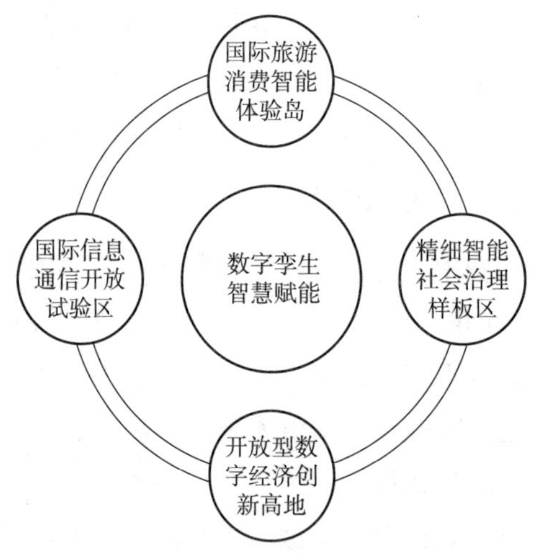

图3-1 智慧海南发展架构

（二）加快国际旅游消费服务智慧升级

《智慧海南总体方案（2020—2025年）》提出了打造国际旅游消费智能体验岛的战略定位和目标，强调要加快国际旅游消费智慧升级工程。一是要“精致化”发展旅游综合管理服务，破除数字信息在旅游综合管理服务中的阻碍，以消费者为最终服务对象，实现旅游信息的全面检测和综合应用。二是要推行智能旅游出行服务，完善全岛智能泊车系统、海南环岛智慧公路服务、自动驾驶智能接驳服务、新型清洁能源电池产品服务等。三是要实现数字新零售服务模式创新，建立 5G 数字孪生购物中心（Shopping Mall），提升 AR、VR、人工智能在新零售中的智慧提升推动作用，推广全岛统一消费积分服务。四是发展博鳌乐城国际智慧医疗旅游先行区，健全丰富多层次、开放式智慧旅游疗养服务。五是多途径打造海南国际智慧旅游岛名片，实施“全球快闪”计划。六是发展夜间经济和智慧夜游，打造海南旅游消费新业态、新模式，培育海南特色旅游消费新动能。

（三）打造数字政府和智能公共服务

海南国际旅游消费中心和国际旅游消费智能体验岛的建成要求政府要更加聚焦政务服务，加快数字政府治理能力提升和智能公共服务的建设，加快各级政务服务的网上办事进程，实现“多码合一”“一码走遍全岛”“一网通办”，同时实现医疗机构数据互通与“一码通”互通，实现“智慧医疗+康养国际化”示范，打造人性化智慧本地服务新体验，助力政府科学管理、精准决策。统筹构建数字教育资源的协同开放、互联互通、多级部署综合公共服务体系，开展智慧外事综合服务，打造全方位智慧服务保障体系和岛屿经济发展信息交流平台，加大特色文化的宣传推广与数字化保护，打造并实现公共数字文化服务系统在全省文化机构全覆盖。

三、《消费体制机制实施方案》实现消费结构转型升级

（一）进一步放宽服务消费领域市场准入

海南国际旅游消费中心建设的核心目标是促进消费增长，《海南省完善促进消费体制机制实施方案》（以下简称《消费体制机制实施方案》）即海南省政府围绕此目标制定的破除影响居民消费体制机制障碍的精准政策，其明确指出要扎实落实《消费体制机制实施方案》，不断丰富旅游消费产品，逐步放宽服务消费领域市场准入，坚持旅游市场需求导向，更高水准开发邮轮航线产品，举办海南国际旅游消费年活动，全力发展海洋、

康养、文化、体育、会展、购物、森林、小镇、乡村、婚庆等与旅游深度融合的十大旅游产品体系，不断拓展旅游消费空间向更深层次发展，进一步充实和丰富旅游消费业态模式。从保障层面要求相关部门同步做好自驾车和旅居车营地建设、游艇管理和租赁、乡村旅游发展规划、椰级乡村旅游点和乡村民宿评定等工作，进一步提升发展保障水平。

（二）完善政策体系，促进实物消费结构升级

实物消费是海南国际旅游消费的重要组成，为促进实物消费结构升级，《消费体制机制实施方案》要求建立房地产市场调控长效机制，完善住房保障和供应体系，重点发展住房租赁市场。要求促进汽车消费优化升级，拓展汽车消费空间，制定清洁能源汽车相关规划政策，推动汽车赛事、露营、旅游、改装等相关产业发展。要求发展壮大绿色消费，加快绿色标准化体系建设，建立覆盖流通、消费、回收等消费上下游环节的综合绿色消费生态。进一步提升信息消费，促进通信网络的提速降费、基础建设，完善消费领域的线上线下生态，健全公共数据资源共享开放体系；推动传统商贸创新发展，坚持重点示范与全面提升相结合，完善涵盖“互联网+消费”、城市物流配送、商贸空间布局等重点创新领域建设。

其他领域主要政策（节选）

文化领域。推进省属文化资源整合，加快组建省出版发行集团、省演艺集团，培育骨干文化企业和上市公司。办好海南岛国际电影节国际影展和季度单一外国影展，逐年实现“全年展映、全岛放映、全民观影、全产业链”的目标。办好国际音乐节、海南岛国际图书（旅游）博览会。大力发展动漫游戏、电竞、数字艺术、知识产权交易等新型文化消费业态。加快中国游戏数码港建设，引进动漫游戏企业入驻，推动申报国家级动漫企业，形成游戏产业新集群。逐步扩大文化文物单位文化创意产品开发试点范围，完善国有文化文物单位文创产品开发试点成效评价和激励机制。

体育领域。大力发展海南沙滩运动、水上运动、赛马运动、航空运动、户外运动等项目。“一核多点”打造国家体育训练南方基地，

推动建设海口观澜湖体育健康特色小镇，培育万宁冲浪小镇和澄迈智力运动特色小镇，发挥国家体育示范单位（海南环海南岛国际大帆船赛有限公司）、国家体育产业示范项目（环海南岛国际公路自行车赛）的带动引领作用，促进体育旅游融合发展。探索休闲渔业规范化管理、有序发展游艇游钓。

健康领域。构建“互联网+健康医疗”服务新模式，积极推进智慧医疗服务体系建设。高标准修编完善博鳌乐城国际医疗旅游先行区控制性详细规划。引进、培育第三方专业化医疗旅游中介机构。

养老领域。推动医养结合，养老机构内部设置诊所、卫生所（室）、医务室、护理站，取消行政审批，实行备案管理，大力推进在各级医疗机构（含社区）中开设老年病科，为老年人提供治疗期住院、康复期护理、稳定期生活照料、安宁护理一体化的健康养老服务。结合分级诊疗制度，为养老机构全面开通预约就诊绿色通道。

教育培训领域。支持社会力量举办满足多样化教育需求、有利于个体身心全面健康发展的教育培训机构。鼓励引导社会力量建设主题性学生综合实践基地和研学旅行实践基地，遴选一批省级研学旅行基地，加强研学旅行特色课程开发，吸引省内外学生和国际青少年来琼研学旅行。

（节选自《海南省完善促进消费体制机制实施方案》）

（三）全面提升消费服务配套保障

政府作为海南国际旅游消费中心建设的重要参与者，需提高自身服务能力，《消费体制机制实施方案》针对服务标准、信用体系、配套保障、宣传推介和信息引导等提出了诸多要求。在服务标准体系建设方面，要求着力创办具有影响力的海南品牌，加强食品药品安全、消费产品和服务标准体系建设监管。在消费领域信用体系方面，要求打造诚信海南发展名片，完善消费领域信用信息的归集、监管、联合惩戒、维权机制、质量追溯等相关工作。在配套保障方面，要求聚焦财税支持、金融服务质效、收入分配制度改革等，多角度、多举措提升居民消费能力。在消费宣传推介和信息引导上，应做好消费领域的实时统计监测，并加强消费领域大数据综合应用，通过新闻媒介、融媒体宣传、专家解读等做好重大消费政策和消费文化环境改善的宣传引导工作。

第三章　海南主动担当集成创新

建设国际旅游消费中心是海南社会经济的新使命，同时也是我国建设社会主义现代化强国的重要探索，从总体的发展要求到具体的发展措施都需要进行探索，海南要杜绝“等靠要”的错误发展思维，充分发挥地方的发展主动性和能动性，走出一条全新的发展道路。

一、探索海南国际旅游消费中心的发展路径

（一）主动作为，积极拓展国际旅游消费空间

海南得益于其独特的地理区位及自然气候优势，在发展为多元化的国际旅游消费空间时具有非常大的潜力。为促进游轮发展与国际旅游消费深度融合，需创新性地调整现有通关模式，进一步推动通关便利化，同时切实提高海口邮轮港和三亚凤凰岛邮轮母港等港口的建设。支持发展海南会展业，发展市场化、专业化、创新化、品牌化、国际化的会展业；支持海南国际房车（汽车）露营休闲旅游博览会和国际旅游美食博览会等品牌建设，打造国际知名会展品牌，继续做大休闲旅游博览会，培育一批具有国际影响力的会展项目，尤其以中国国际商品博览会、国际体育用品进口博览会为代表，做大做强海南自由贸易港特色会展业，充分助力国际旅游消费发展。

（二）稳扎稳打，巩固提升国际旅游消费服务质量

优质的服务是促进产生消费的重要前提，发展建设国际旅游消费中心，首要任务是提高海南本地对标国际的基础服务质量。以海口、三亚为着力点，高标准、差异化规划具有国际影响力的大型核心综合化商圈，创新发展线上线下“智慧商铺”，打造虚实结合的智能商业空间，充分发挥

智慧引领作用，积极引进和推广世界知名的酒店管理及餐饮品牌，以精细化、国际化、品牌化的发展目标培育高端酒店，打造国际特色餐饮美食街等。稳妥有序地提升本地医疗服务质量及医疗基础设施水平，尤其借助此次新冠肺炎疫情海南受到的损失较小的情况，加大国际旅游安全推广，打造国际旅游消费安全岛。

（三）国际引领，大力推进旅游消费国际化

旅游消费国际化是建设国际旅游消费中心的重要路径，尤其要引进国际优质智力资源、整合内外资本，以先进理念和技术作为重要支撑，促进海南整体国际旅游开发水准的提升。强化国际分工与合作，允许国际上优秀的组织机构及企业来海南开展业务合作，在教育培训、市场开发、引资引智、体育赛事等方面充分借助国际力量支撑发展。构建与国际先进的管理体制机制接轨的标准体系，开展国际标准化组织——ISO 质量和环境管理体系认证，提升本地企业管理水平，充分实现国际化、信息化、标准化。大力推动海南引进一批在国际上具有影响力的体育赛事，以赛事推动旅游业发展，进而丰富国际旅游消费的内容。

二、夯实海南国际旅游消费的关键支撑

（一）建设海南发展国际旅游消费的标准体系

采用标准体系建设主导产业的发展模式。海南自由贸易港建设正处于关键时期，海南省整体旅游消费产业也正处于转型升级的重要时期，在探索和发展国际旅游消费的过程中，各行各业都对旅游消费的属性有了清晰的认识。要不断规范海南旅游消费主体，以提高旅游消费企业核心竞争力促进海南旅游消费规范高效地发展好旅游消费结构的调整优化，重点要通过制定和实施包括旅游消费各个要素的旅游消费行业产业及与之相适应的旅游消费相关标准，从而规范和进一步完善旅游消费市场。提高海南旅游消费产业的国际竞争力是发展国际旅游消费的重要支撑。

（二）打造海南发展国际旅游消费宽松政策环境

营造良好宽松的政策环境是提升海南整体开放度、促进海南投资贸易

自由便利发展、助力国际旅游消费发展的重要政策支撑。一是基于对59国开放免签的基础上继续加大开放免签国范围，加大免签政策的开放力度，制定并落实外国旅游团乘坐邮轮入境15天内均可免签的政策。二是着力扩大航权开放，包括第五、第七次航空权开放，全面推进海南航空枢纽建设，创造更加便利的交通条件，以吸引更多国际航空公司来海南开展业务，推动海南国际旅游发展。三是对外籍人员工作许可实行负面清单管理措施，提高外籍雇员来海南的便利度，坚持执行市场准入承诺制、自由贸易港跨境服务贸易和外商投资准入负面清单，制定市场准入特别清单。四是尽可能降低企业在落地过程中产生的制度性交易成本，依据《中国（海南）自由贸易试验区重点园区极简审批条例》，必须充分推动“极简审批”落地，促进行政审批程序及事项的逐步简化，为国内外企业和重点项目落地海南创造条件。

（三）提升海南发展国际旅游消费综合管理服务水平

国际旅游消费的发展离不开更高效的服务供给及管理效能的支撑，而多元化的国际人才是实现提升综合管理服务水平的重要保障。首先，围绕国际旅游消费中心建设目标，结合“百万人才进海南”行动计划要求，不断推进人才相关制度的改革，充分挖掘培养本地复合型人才，积极从国际社会引进高端人才，全方位补全人才体系构建的不足，切实发挥人才的重要保障作用。在服务及管理方面，着力改善海南省内国际消费大环境，立足全局视角，谋划构建“五位（旅游企业、旅游从业者、旅游相关管理机构、当地居民、旅游志愿者）一体”的旅游服务平台。其次，落实提高旅游企业及旅游从业人员管理服务水平，为来海南消费的国际游客提供优质的国际化服务。最后，加强行业部门对旅游服务的监管水准，构建旅游全过程监控监管机制，连通国家智慧旅游公共服务平台，不断健全旅游救援和投诉机制，整合相关资源，进一步完善旅游投诉平台。

三、创新海南国际旅游消费中心的重点内容

（一）加强国际旅游消费人才队伍建设

海南国际旅游消费发展的主要“瓶颈”是高素质人才的缺乏，特别是

领导干部的创新能力和实干精神有待提高。积极引进国内外优质教育资源，大力发展和完善地方教育，提高高等教育水平，加强科研力度，把海南建设成国际旅游教育领先的新高地。积极建设国际人才管理改革试点，同意港澳台地区及外籍技术人员按管理规定长期在海南工作和生活。继续加强干部队伍建设，提升海南国际旅游消费中心建设能力，为党政干部吸纳更多海内外高素质人才，从专业性较强的各级政府机关吸纳专业人才，在确保安全有序的前提下，探索组织开展公务员赴海外培训活动，不断提高公务员的专业素养和业务能力。

海南“旺工淡学”项目介绍

2019年，海南省旅游和文化广电体育厅、海南省教育厅等四部门根据海南旅游发展实际需要和淡旺季变化特点，针对酒店人才缺口大的问题，联合印发了《海南省酒店业人才培养实施方案》，创新推出了“淡季学习+旺季工作”的人才培养模式，即“旺工淡学”项目。

“旺工淡学”项目以切实提高技术技能水平、有效促进服务质量提升、全面提升学历层次、构建旅游职业教育新模式、全面增强行业吸引为重点任务，开设酒店管理、旅游管理、行政管理、财务管理、人力资源管理、市场营销、烹饪等专业，建立以自学为主、辅导为辅、工学结合及校企联合培养的教育机制，为大量的酒店相关从业人员提供了在职学习提升的机会。

据悉，自“旺工淡学”项目实施两年以来，全省已有10346名旅游业从业人员加入该项目。以海南大学为例，海南大学发挥自由贸易港大学的责任担当和学科优势，积极配合、主动参与，由旅游学院和继续教育学院共同承担了“酒店管理专业（成教专升本）”的开办工作。2020年，海南大学录取学员224人，2021年录取学员353人。根据本届学员实际情况和培养安排，2021级酒店管理专业计划分为海口班、三亚班、琼海班、总经理班4个教学班级，陆续开展线上—线下交互、送教入企、移动课堂等形式的教学工作。

（二）切实推动优化海南本地营商环境

一是营造公平竞争环境、提高依法管理能力，加快完善海南国际旅游消费中心政策法规体系。二是积极引进优质外资和智力资源，以加紧制定海南国际旅游消费中心负面清单的手段进一步放开旅游项目外商投资限制，推动海南国际旅游消费中心建设。三是尽快实施零关税制度、努力减税降税，为企业发展创造更好的条件，加快建立自由贸易港制度体系。四是加快“放管服”改革进程，提高行政效能，构建海南国际旅游消费中心综合平台体系。

（三）加快创新全域旅游产品体系

以观光旅游为基础、围绕健康旅游和文体旅游的特色，重点突出休闲度假，整合购物旅游、邮轮旅游、游艇旅游、海岛旅游、医疗旅游、文化旅游、体育旅游等相关业态及其产品开发，构建海南特色旅游产业体系。其中，购物旅游应进一步提升离岛免税产品范围及服务质量；游轮旅游应加快推动三亚国际游轮母港的建设，推动游轮旅游国际化；游艇旅游应进一步放宽境外游艇入境的限制；海岛旅游应加快开发西沙旅游；医疗旅游应重点完善博鳌乐城国际医疗旅游先行区建设，全面落实相关管理政策；文化旅游应积极拓展文旅融合的深度和广度；体育旅游应积极推动国际赛事在海南举办，并打造国际化体育赛事项目等。

（四）提升打造本土化与国际化结合的品牌吸引物

海南当前最核心的仍是旅游产业，其旅游业地位在国内外影响力也是较大的，然而除三亚以外，海南其他市县的旅游业发展水平明显不足，深究其原因主要是旅游项目未能很好地衔接，因此全域旅游发展尤为关键，建设符合国际化标准的旅游综合体与全域旅游发展相辅相成，是发展建设国际旅游消费中心的重点内容，如在各市县优越的旅游景区资源基础上对标国际建设标准，打造围绕山海田园、文体赛事等主题的旅游综合体，延长游客在当地逗留的时间，为游客提供更加丰富的旅游体验，提高游客满意度，进而增加旅游消费。

（五）发挥南海优势，打造世界海洋旅游新高地

深化与“南海环”和“麦戒指”相关国家和地区的合作，更好地服务“一带一路”倡议，重点要充分依托“大南海”海洋旅游业开发平台，推动南海及其周边国际旅游的发展与合作，拓展“泛南海”区域旅游市场，以地中海、加勒比海等地区为标杆，将南海打造成世界高水平旅游海和海洋旅游国际合作高地。

本章从国家层面对建设海南国际旅游消费中心的政策内容和支持逻辑进行分析，如《总体方案》是如何打造国际旅游消费现代产业体系、规划国际旅游消费中心建设蓝图、谋划国际旅游消费政策制度体系的构建，国家在《实施方案》中如何确定海南三大准确定位，同时本章还详细描述了“三区一中心”的三区及其与国际旅游消费中心的发展协同关系。从省级层面主要分析了海南作为发展主体进行的创新探索，包含当前较为明确的发展策略。海南明确提出要在“十四五”期间基本建成国际旅游消费中心，并提出了拓展旅游消费空间、加快创建全域旅游示范省及提升旅游国际化水平的具体路径，同时在“智慧海南”“消费体制机制创新”等方面都进行了辅助支持。国际旅游消费中心自提出以来，海南一直将其作为重要的发展目标，目前在发展路径、关键支撑、重点内容上都已形成基本模式，海南国际旅游消费中心的发展雏形已然形成。

海南建设国际旅游消费中心不仅是已有改革开放基础的持续发展，而且是对全新发展形态的大胆尝试，必须从国家层面给予发展指引和政策支持；同时海南也要举全省之力进行建设，只有坚持敢闯敢试、敢为人先才能在不断探索中走出一条全新的正确道路。

第四篇

业态篇

第一章　吃——特色美食打造旅游美食岛

“民以食为天”，吃的质量和服务一直是旅游业关注的重点，海南作为国内唯一建设国际自由贸易港的地区，而旅游业又是作为海南自由贸易港建设的主导产业，同时，旅游美食的发展更是当地旅游业的一张有形名片，因此，在未来推动旅游业发展过程中，如何提升旅游饮食的服务和质量已然上升为当地旅游业的主要任务。

一、发展现状

（一）海南旅游美食文化的缘起

美食是海南旅游业的重要组成部分，为社会经济及第三产业多元化发展注入了持续的活力。海南美食文化主要源于 4 个方面：一是源于天然的食材，因为海南地处热带，生物种类多、物产丰富，其美食便具有食材广、食物新鲜的特点；二是大自然的鬼斧神工为海南造就了独特的四面环海、中间高四周低的地形地貌，孕育出独特的热带岛屿专属的且品质优良的食材，这为海南当地的美食文化奠定了重要的物质基础；三是源于海南本地居民性情温和、讲究大自然包容万物的烹饪之法，海南人自古以来秉承着尊重自然、崇尚简朴的文化风尚，缔造了当地独特且不加任何修饰的美食，创造了自己的烹饪技术和方法；四是开放包容的态度使海南人既能坚持自己特色的饮食文化，又能与其他饮食文化兼容，形成了丰富且不断发展的饮食风格。原汁原味的味觉体验对全球游客都有着独特的吸引力，再融合全国各地的饮食文化，使海南美食合并了各地方菜系的特点，从而扩大了海南美食的受众范围。

（二）海南餐饮业的发展概况

“十三五”期间，海南省餐饮业发展情况较好，其中2015年餐饮业营业额为222.32亿元，2016年餐饮业营业额为261.17亿元，随后几年均保持逐年上升的趋势，其中2017年的同比增长率最高为17.7%，2019年海南省餐饮业营业额为386.11亿元，同比增长9.88%，比2015年增长了73.67%（见图4-1）。“十三五”期间，海南省餐饮业保持着14.75%的年平均增长率，可见，海南美食旅游稳步发展并不断地成长是自由贸易港建设发展的重要力量。

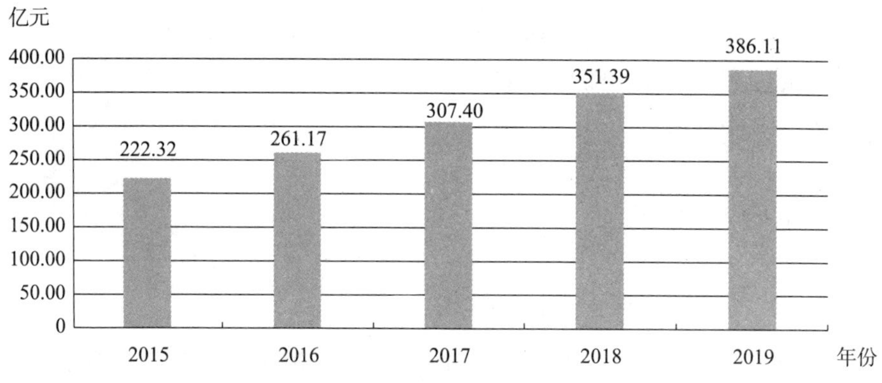

图4-1　2015—2019年海南省餐饮业营业额情况

资料来源：《海南酒店与餐饮行业发展报告》。

综合海南省行业发展现状，当前海南餐饮行业的从业人员仍相对较少，专业性人才匮乏，2015年的海南酒店餐饮行业年末从业人数仅为4450人，而2017年海南酒店餐饮行业年末从业人数比2016年还少32人，2019年海南酒店餐饮行业年末从业人数整体有所增加，达6991人（见图4-2），可见是受海南自由贸易港政策的影响，加上“百万人才进海南”的行动计划在引进酒店餐饮业专业性人才方面起到了一定的助推作用，但面对未来海南餐饮业朝着国际化路线发展的目标，海南酒店餐饮业专业性人才依然非常匮乏，因此海南亟待引进外地专业人才和培养本地专业人才。

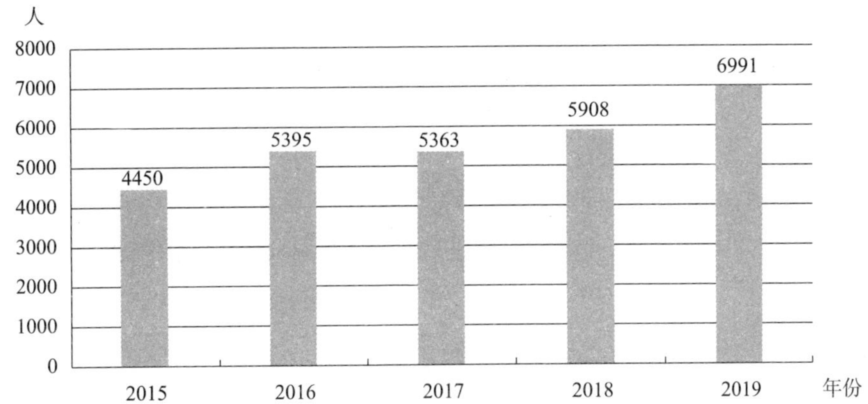

图 4-2　2015—2019 年海南省酒店餐饮业年末从业人数

资料来源：《海南省统计年鉴》。

二、现存问题

（一）影响力不足，对旅游者的吸引力较小

受限于海南地理区位影响，加之海南社会经济发展在全国的影响力不足，人口数量少，“琼菜”在发展和推广的过程中不具备明显的特色，甚至与粤菜品相和味道都大致相同，“琼菜”的魅力无法得到体现，致使海南特色美食在全国范围内的影响力和知名度都不足；海南特色菜系食材源自热带，具有热带属性，很难找到合适的食材和替代品，在推广上有一定难度；“琼菜”以清淡为主，味道相对单一，难以引起外地游客，尤其是华北、东北、西北等地区游客的青睐，因此大部分游客来海南旅游并不以赏味海南本地美食为目的，与中国澳门、泰国普吉岛等美食旅游胜地相比，海南美食存在知名度不高、客源地市场较小等缺点，在国外的影响力非常小。

（二）缺少长远规划

规划先行适合旅游业的发展，也适合旅游美食的长效发展。缺少规划引领是海南旅游美食发展受限的主要问题，无序、无特色、无品牌等均是海南旅游美食发展的短板。相较于国际旅游消费中心这一目标，海南的旅游美食发展不仅要满足国内广大的客源市场，而且要创新打造国际化美食品牌，如何有效地实现上述目标，关键在于相关行业的主管部门应制定好海南旅游美食发展规划或行动策划。国际旅游消费中心是海南自由贸易港建设的基础，打造国际旅游美食消费产品更是实现旅游消费国际化的重点内容，但目前海南餐饮业缺少对国际旅游消费中心目标实现的长远规划和系统策划。

（三）宣传力度不足，宣传手段较落后

海南菜俗称“琼菜”，但在海南美食宣传过程中由于与“琼菜”相关的美食资源材料均未进行有效整合，加之海南美食对外宣传力度有限，对新兴宣传手段的应用相对滞后，因此海南传统美食宣传仍停留在以报纸为代表的传统媒体上，新兴媒体宣传不足，且宣传手段单一。此外，海南较多的传统美食仅流于口头相传，少有文字及文献资料记载，导致大部分外地游客难以对“琼菜”形成清晰深入的了解，甚至有不少游客认为“琼菜”与粤菜属于同一种地方风味，“琼菜”的特性几乎被粤菜埋没。

（四）专业人才的匮乏制约行业发展

21 世纪是以人才为发展核心的时代，同样海南餐饮业的发展更加离不开专业人才的支撑。当前，海南旅游餐饮行业普遍存在从业人员文化素质较低、烹调功底不扎实、文化专业训练少及管理研究专业性人才短缺等问题，海南的国际旅游消费中心建设事业急需大量国内外旅游行业的专业人才。此外，海南在高校教育、专业开设及人才吸引上都缺少行业引领，海南旅游餐饮行业专业人才匮乏在很大程度上制约着国际旅游消费中心朝着专业化发展的步伐。

（五）旅游美食发展环境不佳，影响游客消费体验

旅游美食是旅游业与餐饮业实现产业融合的重要产物，但目前海南还处于产业融合发展的初期，餐饮业与旅游业尚未形成较好的联动，处于相对独立的发展状态，实现强大联动融合发展的生命力和活力尚显不足；同

时旅游行业主管部门、餐饮行业主管部门、市场主体（旅行社、餐饮企业等）未能很好地形成联动，均处于孤立分离状态，加之海南餐饮行业缺乏统一有效的监管平台，市场中存在欺骗消费者或服务态度恶劣的问题层出不穷，长此以往必将破坏海南在旅游者心目中的形象，不利于海南美食餐饮行业未来的可持续发展。

三、构建思路

构建匹配国际旅游消费中心地位、推动海南自由贸易港建设的国际美食岛。基于海南美食旅游事业，深挖海南特色文化内涵，发挥海南资源丰富、气候适宜的优势，为海南打造具有全球影响力的美食旅游地形象。

四、发展定位

借鉴泰国普吉岛“创意城市美食之都”与中国澳门“美食之城”的经验，海南岛未来可以从美食与养生两方面着手，打造具有海南特色的美食养生岛，通过海南美食加强与全世界的交流沟通，有力地推动海南自由贸易港建设。

五、发展思路

培育具有独特吸引力的海南本地美食文化，逐步发展创新出吸引国内外游客的特色美食，打造标准化游客服务体系，加强宣传手段的合理运用，扩大海南美食在全球的影响力，使海南在未来发展成为与国际旅游消费中心相对应的国际美食中心。

六、战略举措

（一）立足海南本土特色，打造美食文化品牌

通过与海南本地的美食、美景、文化相结合，深挖海南本土特色餐饮文化，将当地具有一定历史传统的古早味美食、老字号与海南的风景名胜

结合在一起，打造闻名遐迩的旅游美食目的地，或是在景区旁边增设“琼菜”美食文化坊，让游客可以在游玩之余尽情地欣赏品味海南特色美食，了解本地特色美食文化，进一步提高游客的旅游体验满意度。鼓励开发商将海南本地的美食文化和与时俱进的时代特色相融合，打造具有区域性、民族性、时代性、参与性、原创性的海南本土餐饮品牌，树立宝贵的品牌优势，增加对客源地市场的吸引力。

（二）构建政企联动发展旅游美食机制

为顺利推动海南旅游美食的高质量发展，吸引更多的国内外游客，打造国际知名的旅游美食目的地，海南亟待加快推进构建政企联动发展旅游美食机制，充分联动政府主管及监管部门与市场运营主体合作，弘扬海南本地的特色美食文化，推动旅游业与餐饮业的深度融合发展。组织建立旅游美食管理机构，成立美食旅游协调管理部门，完善旅游美食消费监管服务平台，建立海南旅游美食从消费体验到售后管理监督的一条龙服务体系。在市场组织方面，政府主管部门应定期牵头组织听取市场主体的意见建议，发布餐饮行业相关信息，争取做到消费的公开透明，鼓励企业主体发挥自身的能动性和创新性，完善旅游美食表现形式，在充分调研的基础上，确定旅游美食产品开发主题，结合餐饮企业的特点和当地景区景点的特色，规划开发美食主题的旅游线路，提升旅游吸引力，从而有效组织海南旅游市场的客源群体。

（三）进一步完善海南餐饮行业的相关法律法规和政策体系

海南当地政府应针对海南美食旅游中出现的问题出台相关的地方性法规，为培育积极向上的市场氛围提供坚强的法律保障，维护消费者及商家的合法权益，提升海南美食在旅游者心目中的形象和地位。此外，通过出台实事求是、具有科学性、体现海南自由贸易港建设精神的政策，引领海南餐饮业朝着高标准、高品质方向发展。

（四）通过创新手段培育海南美食的国际知名度

节事、赛事、会展和会务将是海南未来重点发展的产业，其在很大程度上推动了当地旅游业的长效发展。旅游业是海南国际自由贸易港建设的主导产业，所以未来旅游餐饮业发展可以加深与节事、赛事、会展和会务的融合发展。例如，海南欢乐节作为推广海南旅游资源、促进海南旅游经济发展、树立海南良好形象的重要窗口和平台，已先后举办14届，成为推动海南岛国际旅游经济的重要平台。通过这个平台，高规格展示旅游美食，策划一系列海南旅游美食活动意义深远。深度融入博鳌国际亚洲论坛、亚洲小姐选美等国际性会展会务经济发展，利用国际会务、会议较高的知名度和影响力，创新打造国际旅游美食论坛，吸引全世界的美食爱好者来海南，提升海南美食的国际影响力。此外，还可以通过时兴的海洋旅游，如游艇旅游和邮轮旅游，将海南当地美食与国际饮食文化相结合，创新打造接近或符合国际游客消费习惯的美食，通过利用邮轮旅游带给国外游客的饮食便利性将海南美食呈现给全世界的游客，从而提高海南美食的国际知名度。

（五）培养和吸纳高素质的专业人才

加强海南当地旅游美食烹饪人才队伍的建设，尤其在加强专业性人才队伍建设的进程中，海南旅游餐饮行业需要在制造、品鉴、宣传、组织等领域吸纳更多外来人才和培育本地的专业人才，通过与当地高校及培训机构合作，推动高校专业化教育改革，开设与市场导向相一致的旅游餐饮相关专业，重点培育“琼菜”制作推广的专业人才，培养掌握旅游管理、餐饮管理专业知识，并具有开拓精神的现代管理经营人才。同时，通过制定相应的优惠政策，吸引全球美食餐饮领域的专业人才赴海南国际自由贸易港贡献自己的智慧，从而推动海南餐饮行业朝着国际化方向发展。

第二章　住——酒店民宿助力全域旅游

住宿一直是游客外出旅游关注的核心问题，海南的酒店住宿业近年来得到了较好的发展，但在口碑及管理服务质量方面仍存在较多的不足。如何突破海南酒店住宿业的发展瓶颈，提升海南酒店住宿业的产品供给质量，无疑是建设国际旅游消费中心的重点，也是体现海南特色、打造海南品牌的关键。以下是对海南酒店住宿业的分析。

一、发展现状

（一）海南住宿业的缘起

基于中国的酒店住宿业发展历程，海南的酒店住宿业发展可以总结为3个阶段。第一阶段为进入21世纪至2008年以前，海南的住宿业总体处于发展萌芽阶段，当时住宿业还未形成划片成区的中高端酒店，仍以简易的旅馆、招待所为主。第二阶段为2008年后建设国际旅游岛的10年，海南的住宿业受建设国际旅游岛的政策影响，国内连锁酒店和国际知名连锁酒店开始入驻，形成了以沿海、沿景区的国际高端型度假酒店区域和以城区为主体的国内品牌连锁酒店区域，住宿业如火如荼地发展。第三阶段为自建设海南自由贸易区及“三区一中心”政策提出以来开始至今，海南开始注重住宿业的多元化发展。为此，美国短租网站爱彼迎正式进入海南住宿业市场，形成以短租为主的公寓式酒店集群、以乡村民宿为主体的民宿集群、以亚特兰蒂斯为代表的超高端酒店住宿沿海集群，海南住宿业也正式迎来发展的又一红利时期，多元化的发展也为海南住宿业带来更多的市场活力。

（二）海南住宿业的发展概况

海南省住宿业的发展近10年来一直处于上升阶段，住宿餐饮业完成增加值 240.59 亿元，同比增长 6.1%。无论是海南省政府，还是海南省的各市县政府都十分注重住宿业的发展，在稳步发展进程中，积极顺应时代变化，致力投身于改革浪潮。

在近 10 年的旅游业发展进程中，随着海南国内外游客数量的增加，海南省的客房总数和床位总数也随之增多（见图 4-3）；客房的入住率逐年提高，从 2011 年的 58.40%增长到 2018 年的 64.91%，取得了不错的成绩；客房收入也从 2015 年的 62.90 亿元增长到 2019 年的 80.57 亿元（见图 4-4）。

图 4-3　2015—2019 年海南省客房数及床位数

资料来源：《海南省统计年鉴》。

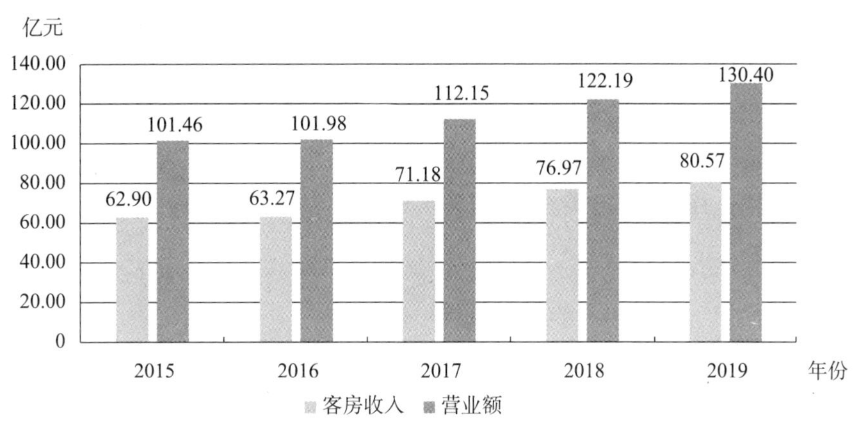

图 4-4　2015—2019 年海南省客房营收情况

资料来源：《海南省统计年鉴》。

近几年出现了有别于传统酒店的新的住宿模式——乡村民宿，在国家相关法规的管理下，民宿呈现个性化、规范化、高端化等发展趋势，成为许多旅游者的首选之一。为此，海南省住建厅实施了《海南省乡村民宿管理办法》和《海南省促进乡村民宿发展实施方案》，明确规定了海南乡村民宿的建设标准、经营规范、管理要求及政府管理层面的制度体系，全力推进海南乡村民宿建设及运营管理朝着规范化、标准化的方向发展；同时，已经印发实施的《海南省乡村民宿发展规划（2018—2030）》中明确指出海南省乡村民宿主要发展指标为 2020 年达到 400 家、2030 年达到 6500 家。可见，未来乡村民宿的发展将在海南旅游业发展进程中占一席之地。相信在海南省政府的大力推动和引导下，作为国际旅游岛和国际消费中心的海南，其住宿业将拥有可观的发展前景。2015—2019 年海南省酒店（住宿）业营业额如图 4-5 所示。

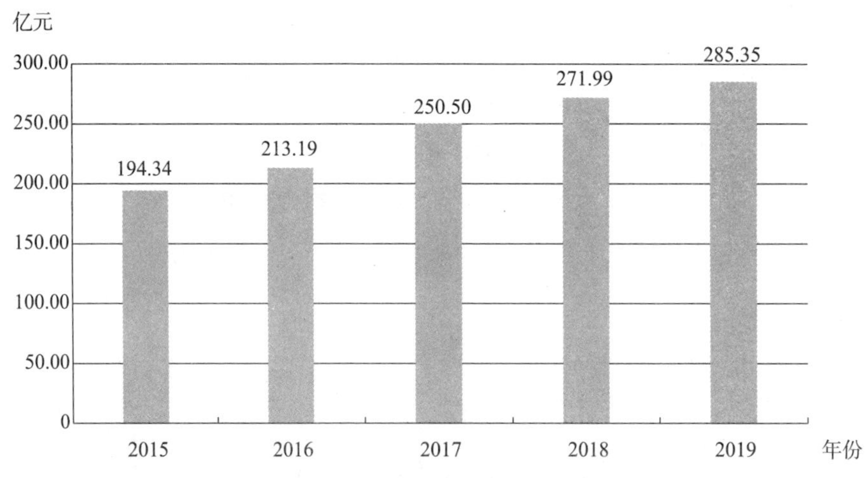

图 4-5　2015—2019 年海南省酒店（住宿）业营业额

资料来源：《海南酒店与餐饮行业发展报告》。

二、现存问题

（一）信息化未普及，距离酒店智能化还有较远差距

随着互联网技术的进一步发展，5G 时代的到来使信息技术在日常生活

中的应用变得越来越广泛。致力于打造为国际旅游消费中心的海南应该走在最前方，紧紧依靠新兴的信息技术，为旅游消费者提供更加便利的服务。当前，海南的大部分酒店在信息技术运用方面相较于其他发达旅游城市仍比较滞后，5G 及人工智能的应用更是需要长足的技术支持和发展支撑，酒店智能化在当前条件下还难以实现，并且海南酒店业信息化发展呈现五星级酒店和国际连锁酒店明显高于其他普通酒店的局面。综合来看，未来海南的酒店智能化发展还有很长的路要走。

（二）同质化较严重

海南在建设海南旅游岛和自由贸易港的同时，建造了许多酒店，但是这些酒店提供的产品和服务差异化不明显，缺少一定的特色和个性。现代的旅游消费者对旅游的品质追求越来越高，尤其是一些中高端游客，他们所追求的已经不只是“住宿”，更多的是品牌理念、接待细节和个性化服务等。这些同质化的酒店既造成了资源的浪费，又削减了旅游目的地的旅游吸引力。作为国际旅游消费中心和自由贸易港，海南的酒店住宿业应该凸显特色、提高服务质量，增强旅游竞争力。

（三）酒店人才缺失

酒店作为第三产业中的一环，需要更多的专业人才。但由于酒店服务工作的性质，很少有高技术人才愿意从事此类工作，导致酒店中与消费者接触的服务人员学历层次较低，缺少高素质人才，这是酒店高层管理人员需要重视的问题。海南自由贸易港建设出台了诸多政策以引进人才，相信酒店住宿业也能通过改革与创新，打造更优秀的人才从业结构。

（四）新冠肺炎疫情给住宿业带来系列变化

2020 年，新冠肺炎疫情的暴发对国民经济造成了很大的影响，特别是对旅游酒店业等综合服务业，导致住宿行业市场结构发生了很大变化，形成了以国内市场占绝对主导地位，入境旅游住宿人数占总人数不到 1%的情况。海南在新冠肺炎疫情的背景下，住宿业要面对的便是疫情防控所带来的巨大经济压力，具体主要体现在住宿业自身固有的脆弱性和需求弹性低，导致其高度依赖现金流，如何缓解住宿业运营的经营成本压力，将是“十四五”期间首要关注及重点解决的难题之一，尤其“十四五”时期是海南建设国际自由贸易港的关键时期，重整旅游住宿业对提升旅游消费国际化、推动建设国际旅游消费中心均有重要意义。

三、构建思路

建设住宿业离不开政策引导、经济建设、社会营销，尤其在新冠肺炎疫情的常态化背景下，“十四五”期间的发展更是少不了政府的有效引导，从而进一步规范化、标准化、高效化地推动海南住宿业朝着良好的方向发展。

政府出台了若干政策，规范住宿业从业标准，鼓励酒店建设和发展。除了政策上的支持外，经济上的支持也很重要。自新冠肺炎疫情以来，旅游业处于低迷期，政府为相关企业提供经济补贴，对优秀的、有发展潜力的酒店进行大力度的扶持。社会营销有助于提高住宿企业的知名度、扩大客源市场、提高入住率。酒店应该找准定位、开发具有个性特色的产品和服务，满足旅游者更深层次的需求。

四、发展定位

海南既然要建设具有国际视野的自由贸易港和自由贸易中心，作为旅游六要素中必不可少的“住”必须要对标国际，打造高端品牌。打造海南独特品牌是海南的酒店或民宿成为旅游吸引物的必要条件。当今世界正处于百年未有之大变局，政治经济的竞争日益激烈。因此海南要努力提升自己的竞争力，这样不仅可以为以后的国际交流打下良好的基础，而且可以作为国家的后方保障力量，推动中国大步迈向国际化。

五、发展思路

首先要开设酒店，提高客房总数。当然这不是一味地追求酒店或民宿数量的提高，而是在保障质量的前提下鼓励数量的增长。其次要提高酒店服务质量和品质。招聘高素质、高学历人才，充分应用信息管理系统，积极将酒店管理与互联网相结合，为消费者创造更加便捷的住宿环境。最后要打造酒店品牌文化。未来的旅游者在选择的时候更愿意选与自身需求相契合或喜欢的品牌文化。因此酒店业要对整体市场进行进一步的细分，并选择合适的细分市场作为自己的目标市场，根据不同目标市场的特性提供有针对性的产品及服务。例如，随着年轻一代的经济独立，他们必将成为旅游消费的主力军。年轻人喜欢的旅游方式已经与过去的旅游方式大不相同，如何抓住年轻一代的旅游倾向是值得旅游从业者思考的。

六、战略举措

（一）优化住宿市场结构，打造多元化住宿业

海南当前住宿业态单一，旅游住宿市场仍然局限于酒店，包括民宿、旅租、家庭旅馆等都还处于发展萌芽期。未来，随着海南自由贸易港的建设，海南的旅游业将迎来发展的黄金时期，对旅游住宿的需求将极大增加，并且游客的层次结构也将朝着国际化发展，酒店住宿业将呈现出个性化、特色化、多元化的发展趋势，打造丰富的主题特色的旅游住宿产品是为未来旅游住宿市场供给的主要趋势。依托海南的多方面资源优势及地域文化特色，积极推动森林酒店、生态文化主题酒店、特色家庭旅馆、长租候鸟公寓、乡村主体民宿等多种旅游住宿产品的发展，同时不断促进“酒店住宿+医疗康养”的深度融合，打造一批以休闲、度假、疗养为主题的旅游住宿产品。

（二）提升管理运营模式，创新酒店住宿产品服务

当前，海南的住宿业面临着同质化严重的问题，同时由于缺乏先进的管理经验，在游客的住宿体验上显得参差不齐。未来，海南住宿业应积极贯彻海南自由贸易港建设的国际化标准，结合自身特色优势及游客住宿需求，基于海南大旅游的环境特色前提，创新打造多元化、复合化、内涵化的酒店住宿产品，以满足消费者“新、奇、特”的体验需求。在管理上，政府及酒店协会等管理机构应统一加强酒店住宿的管理运营服务标准，推

动滚动式定期考核评比，强化海南省内住宿业服务管理工作，提升酒店居住体验和服务质量。在运营上，酒店运营方应积极学习国际高级酒店的先进管理运营经验，以国际化为标准，以品质化为核心，推出一批国际品牌酒店，在产品延伸、服务增值上不断完善，尤其是在产品供给方面，提高消费者的消费体验及参与程度，提升酒店住宿产品的附加值。

（三）抓住信息化时代机遇，强化信息化技术在酒店住宿中的运用

随着5G技术的深入推进，国家也步入了智能化、智慧化发展时代，尤其在海南国际自由贸易港建设背景下，海南已在全国率先成为5G信息技术试点区域。住宿业作为海南旅游业中重要的一部分，以建设国际旅游消费中心为契机，不断引入移动互联、人工智能、大数据和云计算等技术，进一步提升酒店住宿业的信息化管理，以更先进、更前沿的高新技术提升酒店住宿业服务质量。加强住宿业信息化技术的运用，首先要加快推进住宿企业的数字化转型，提升硬件设备实现智能化发展，有选择性地将发展成熟的科技元素引入酒店。其次要通过运用现代高新信息技术推动实现更加精准化、智能化、个性化服务优的游客住宿体验，提高住宿满意度。例如，地方政府引导企业基于各大旅游线上平台、酒店积累的数据进行产品研发和设计，优化住宿产业链，创新酒店运营模式。在住宿产业层面，要集聚整合众多“数据孤岛”，建立数据共享平台，打造海南本土住宿业“数据大脑”，为企业投资、运营、行业监管提供决策依据。

（四）强化住宿业专业人才的培养及引进

海南的住宿业要想实现更深入的发展，首要要解决的问题就是专业人才的缺乏。随着“百万人才进海南”的措施不断深入，在一定程度上引进了一些住宿业专业人才，但是要实现国际化、高端化、智能化的发展，仍存在相关专业人才严重缺乏的困境。海南住宿业不仅要做好人才引进工作，而且要进行本地人才的培养，以适应当地市场的发展需求。构建以市场为主导的住宿业人才培养体系，颁布实施人才保障性优惠政策，积极推动与当地学校、行业协会、酒店企业交流合作办学，尤其要推动与国内国

际的住宿业人才培养院校的合作交流，共同推动本地专业人才的培养。同时，人才培养方案由学校和酒店企业共同制定，结合海南旅游季节特点、员工岗位情况，实行“旺工淡学”，从而提高酒店从业人员的学历水平。

（五）顺应住宿业发展的“双循环”新格局，提升发展新动能

新冠肺炎疫情常态化造就了当前国内住宿业发展的“双循环”新格局，由于新冠肺炎疫情影响，海南住宿业的主战场已转到国内。海南应该聚焦国内住宿业市场，根据国内旅游消费者的需要，提供符合游客多样化需求的服务，加大海南旅游市场供给侧结构性改革，在住宿服务行业有所突破，提高海南国内外的知名度。

（六）讲好海南故事，塑造世界级旅游住宿品牌

海南的每家酒店和乡村民宿都可以成为生动的文化载体，它们是展示、体验和传播海南本土文化的窗口之一。如何利用好住宿业广阔的展示平台，关键在于讲好海南故事。酒店应该在海南本土文化的指引下，讲好海南故事，讲好地方故事，讲好酒店故事，打造优质服务，搞好品牌沟通，建立品牌形象，促进海南的住宿业成为世界级品牌之一。特别是未来新冠肺炎疫情解除后，海南本土酒店应依托庞大的入境游客流量，以品牌、标准或运营能力出口等轻资产模式加快海外布局。在输出服务标准方面，“讲好海南故事”模式是一种值得借鉴的模式。

根植于海南本土文化，打造与之相符的住宿产品，将更有利于海南文化的表述与传播，从而提升其国际吸引力和文化自信，不仅为全球的旅游消费者讲好海南故事，而且要把全球的旅游消费者带到海南来体验原汁原味的海南本土文化，从而达到真正意义上的旅游消费国际化的目的。

第三章　行——交通先行带动产业发展

一、发展现状

近年来，随着海南交通基础设施投资的增加，整个海南岛的交通布局正处于全方位发展。未来将实现环岛立体交通新蓝图，更加深入地加强与省外交通的联动。航空、水运基础设施建设不断推进，对外交通运输能力也在逐步提升，但同时也面临着对外交通可达性不足、省内交通发展不平衡等诸多挑战，交通服务质量有待提高。以下是对海南交通运输业的分析。

（一）海南交通运输业的缘起

由于其独特的地理位置，海南一直是通往东南亚、南亚及其他地区国家的重要窗口，也是中国著名的旅游目的地。其优越的旅游资源吸引了众多海内外游客前来度假。然而，也正是因为海南是中国最南端的一个岛屿省份，其地理位置条件和地形客观上对海南交通行业产生了很大的影响。因此，交通问题往往被视为海南旅游业发展的最大障碍。

海南交通运输业集中在公路运输、水路运输、铁路运输和航空运输。自 2003 年“非典”疫情对海南的旅游业和交通运输业产生一定影响后，海南省政府加大了对机场、港口和公路网等交通基础设施的投资建设，大大提高了内部交通运输能力。而海南省外，铁路运输主要是在 2004 年粤海铁路客运开放后有了一定程度的发展。此后，海南的交通格局逐渐形成，并在近 20 年的发展过程中不断完善。

在公路运输方面，海南省公路运输网络不断完善。到 2019 年，海南省公路总里程达到36022千米，其中，高速公路达1368千米。目前已通车的高速公路有环岛高速、海文高速、中线高速、文琼高速，逐步形成以环岛高速公路、中线高速公路为主体的“三纵四横”框架，县、乡、村公路通过支线和干线连接，形成全岛公路网。

在水路运输方面，海南省取得了新的突破。新海港和秀英港的渡轮码头资源得到有效整合，截至2019年底，洋浦港“四方五港”建设不断推进，海南开通了33条国内集装箱班轮航线和10条国际集装箱班轮航线，国内外航运覆盖面不断扩大。同时，海南省游艇旅游的发展也取得了一定的成效。2019年，海南省建成游艇码头15个、泊位2568个，全年出海游艇总数达85982艘、同比增长20.3%，出海游客突破100万人次、同比增长18.6%。

在铁路运输方面，2010年12月—2015年12月，海南的东环高速铁路正式开通，海南西环高铁正式投入使用。海南环岛高铁的运营标志着海南正式进入环岛高铁时代，环岛高铁在海南铁路发展史上具有里程碑意义，成为海南未来建设的重要名片。

在航空运输方面，海南加快完善航空运输基础设施，积极推进与世界各国的航空运输合作。海外航线网络覆盖59个城市，“四小时八小时飞行经济圈”基本形成。与此同时，低空旅游继续发展，景点直航、琼州海峡跨海航班、岛内市县固定航班等低空飞行项目初具规模。

（二）海南交通运输业发展概况

交通给海南自由贸易港和国际旅游消费中心建设提供了基本保障。近年来，海南交通基础设施不断完善，在交通发展方面取得了显著成绩。根据海南交通运输厅的数据，2019年，海南公路和水路固定资产投入达160亿元；海南港口货物吞吐量达1.94亿吨，同比增长6%；海南民航旅客吞吐量达4580万人次，同比增长2.3%；海南有100条直接海外航线，海外航线起降架次同比增长21.2%；全省游艇游客达103万人次。2015—2019年海南省交通运输客运量情况如图4-6所示。

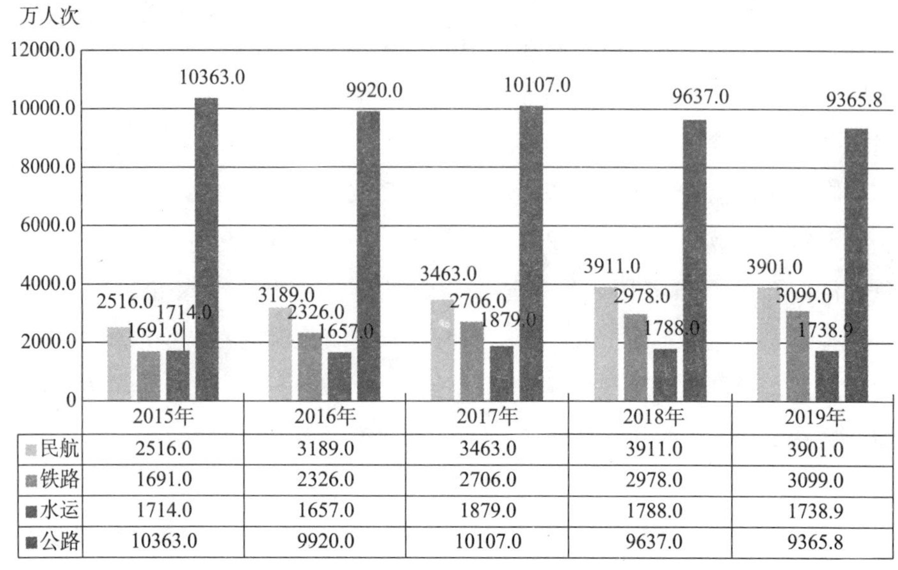

	2015年	2016年	2017年	2018年	2019年
民航	2516.0	3189.0	3463.0	3911.0	3901.0
铁路	1691.0	2326.0	2706.0	2978.0	3099.0
水运	1714.0	1657.0	1879.0	1788.0	1738.9
公路	10363.0	9920.0	10107.0	9637.0	9365.8

图 4-6　2015—2019 年海南省交通运输客运量情况

资料来源：《海南省统计年鉴》。

二、现存问题

（一）外部交通可进入性不足

海南是中国最南端的热带岛屿省份，其独特的地理位置使得对外交通的便利性尤为重要。现阶段，航空和轮渡仍是进入海南省的主要交通方式。尽管近年来机场基础设施逐步完善，航线不断增加，但是目前的航班数量和航线发展仍不足以建设国际旅游消费中心。旅客吞吐量有限，航空运输仍然薄弱。在轮渡方面，目前，海南主要通过海口新海港、秀英港的轮船，铁路南港的铁路轮渡进出岛。一方面，轮渡主要面向国内旅游市场，且运输能力相对有限；另一方面，广东与广西对接停靠港的发展水平和天气条件也极大地限制了渡轮的客运能力。

（二）省内交通发展水平不均衡

目前，海南的整体经济发展倾向于东部沿海地区，人才、技术和资源都集中在东部沿海地区。随着海南水、陆、空交通基础设施高速发展，交通运输能力明显提高，但受东部和中西部区域经济发展不平衡的影响，海南的整体交通发展出现了东部交通发达、中西部较为落后的局面。中西部地区交通发展情况制约了全面协调发展旅游业。目前，海南的机场和港口主要集中在东部沿海城市。环岛高铁和环岛高速的建设相对均衡，“田”字形高速公路网络已初步建成，但中西部地区交通线路少、基础设施建设不全、交通网络不发达。由此可见，区域发展缺乏稳定性也会对交通运输业的发展产生影响。

（三）内部交通联系不够紧密

海南的岛上交通主要是公路。总体来说，海南省已初步建成以环岛高速和中线高速为主要骨架，以“三纵四横”国道和省道为主要干线连接各方的交通网。但具体城市公共交通发展有限，城际交通便利性有待提高，农村公路基础设施建设不足。更重要的是，城乡、机场、火车站、高铁站、风景名胜区之间尚未建立起便捷通畅的交通体系，岛内各重要节点的交通联系不够紧密。

（四）交通旅游服务功能有限

随着社会和经济的发展，人们的收入不断增加，对旅游品质的追求越来越高，对交通的需求也变得多元化。作为旅游业的关键要素，交通运输业的旅游服务功能非常重要。然而，目前海南的交通服务无法满足人们的出行需求，例如，海南旅游集散中心有限，大部分公路服务区只能满足基本休息和供应，难以满足游客集散、信息咨询、导航、购物、订票等需求。同时，道路交通基础设施因为资金不足无法合理更新。如公路旅游导航系统建设有待完善，公路沿线景观单一、缺乏特色，交通智能化水平有待提高，工作人员专业技能和素质不达标、服务意识淡薄，交通运输业在个性化和服务质量方面都有待提高。这在一定程度上影响了交通运输经济的发展，使交通运输经济的发展较滞后，不能充分发挥其效益。

三、构建思路

统筹全局，突出重点。一方面，把握海南整体交通发展状况，全面优化水、陆、空交通基础设施，构建立体交通网络，协调东部、中部、西部交通发展，平衡东部、中部、西部的发展速度，构建便利的交通网络；另一方面，抓住交通发展的重点和关键环节，结合海南自由贸易港建设与国际旅游消费中心建设的主体要求，以航空和港口建设为突破口，充分利用海南的区位、政策、资金等优势，全面提升交通运输开放水平。

四、发展定位

顺应海南经济和旅游发展需求，打造开放、便捷、生态、智慧的综合性交通运输网络。所谓开放是指实施高度开放的船舶和航空交通运输政策，面向全球各个国家，逐步实现岛内外交通运输的往来自由；所谓便捷是指加快形成“四小时八小时飞行经济圈”，有效缩短岛内外交通运输所需时间，实现旅游过程中各关键节点的无缝连接；所谓生态是指协调生态环境保护与交通运输发展，在完善交通运输基础设施时不破坏生态环境，同时充分融合生态景观，打造美丽、绿色生态公路；所谓智慧是指充分运用现代信息技术构建智慧交通运输体系，实现交通运输的智慧化、信息化管理与服务。

五、发展思路

针对海南省交通发展的问题与不足，结合海南省经济与旅游发展的实际需求，系统完善交通基础设施，优化交通布局，构建起开放、便捷、高效的立体化综合性交通运输网络。

一是完善海南与全球各国的国际流通通道，打造国际化交通枢纽，在充分认识海南目前实际发展情况的基础上，以航空和港口运输为焦点，利用好海南航线权的相关政策，最终打造从海口到三亚的综合交通枢纽，扩大和提升海南交通运输的辐射能力与服务范围。二是完善海南与国内的交通运输通道，以琼州海峡为重点，充分研究其航行的条件及特点，加强与广东等沿海省份的交通运输合作，充分联结两岸港口，构建陆岛交通运输通道。三是进一步完善岛内交通运输通道，加快完善铁路、高速公路、城市公共交通和城际交通轨道，充分联结各重要交通节点与旅游关键节点，实现交通网络全岛覆盖，构建起高效、便捷的岛内交通运输通道。

六、战略举措

（一）加大政策制度支持力度

加大交通运输方面的财政、金融政策支持力度，为完善交通基础设施提供充足的资金，在加强公路设施、路面专项、绿化、景观设计改造和有效管理的同时，加快完善港口和机场的基础设施，扩量增容，以适应海南自由贸易港和国际旅游消费中心建设。为在港口进行货物运输流通和中转的船只提供更加优惠的税收政策，吸引更多国内外船舶在洋浦港的运输流通；实施自由开放的航空运输政策，充分利用开放海南第三、第四、第五航权的相关政策，加强与世界各国的航空运输合作，拓展海南国际航空线路，同时探索开放第七航权，进一步推进相关国家和地区航空公司在海南航空运输业务的拓展，增设国际航线，提升海南航空运输能力。

（二）加快优化内部交通网络体系

加密省内交通线路，加快联结各交通节点和旅游重要节点，实现岛内交通运输网络的优化和提升。加快推进省内高速公路建设项目，重点建设完善中西部高速线路，联通各大主干线路，实现全省各市县全面联通高速公路的目标，推动形成“丰”字形高速公路布局；以环岛铁路为骨干，加快推进中部高铁线路建设，推动形成“田”字形高铁运输网络布局，打造海南“城际高速 2 小时通达圈”和“城际高铁 1.5 小时通达圈”。以“海澄文一体化经济圈”和“大三亚旅游经济圈”为重点，加快完善城际交通轨道，建设完善城际高速、高铁；完善城市公共交通网络，以机场、港口、高铁站、火车站等重要交通节点、主要景区景点、乡村旅游点等为重点，加密城市公共交通线路，增加运行班次，提高城市公共交通的便利度。

（三）重点完善航空与港口设施

以航空设施和港口建设为重点，完善航空基础设施，建设国际化航空枢纽，加快完成海口国际机场和三亚凤凰国际机场的二期扩建项目，推动琼海博鳌机场升级，打造国际机场，推动儋州机场和东方机场建设，形成东南西北四大机场全面布局，实现航空运输增量扩容；重点面向境外主要客源市场和“一带一路”沿线国家以加强航运合作，加密国际直飞航线，加大境外航班补贴力度，充分运用“中途分程权”“第五航权”“团队免签”“落地签”等政策，构建面向全球的国际航空枢纽；统筹空域管理，扩大海南民航可用空域，优化调整航路航线。

加快完善港口基础设施建设，加快整合港口资源，推进洋浦港、海口新海港、马村港等的基础设施建设，综合提升轮渡客运能力。积极推进海口邮轮始发港和三亚邮轮母港建设，吸引邮轮产业要素聚集，加快开发海上旅游航线，建成高标准、高品质的海上旅游黄金水道。

（四）全面提升交通旅游服务功能

加快公路服务区的进一步升级改造，根据线路分布和客流量多等特点来优化布局，建设游客集散中心，打造集停车休整、餐饮、购物、住宿、信息咨询、旅游导览、票务预订、投诉维权和游客监测管理等于一体的多功能综合性游客集散中心；加密轨道交通、旅游巴士、水上巴士等旅游公共交通线路和班次，形成公共交通“一码直达，全程导览”，有效串联各交通节点和主要旅游景区景点，实现多种交通方式的无缝衔接和各种节点的互联互通；加快推进环岛旅游公路建设，充分依托海南生态环境和自然景观优势，在最大限度保护生态景观的基础上打造“最美旅游公路”，合理规划布局错车道、服务区、停车场、露营地、步道、景观道等配套设施，提升旅游公路品质，构建起“快进漫游”的综合性旅游交通网络。

（五）构建智慧化交通网络

运用大数据、区块链、人工智能等新一代信息技术打造智慧化、信息化交通管理和服务信息平台，构建智慧化交通网络。一方面，搭建旅游管理智慧平台，运用大数据、人工智能等收集、整合游客交通旅游大数据，推动数据跨部门开放、融合、共享，从而综合利用交通和旅游各部门资源，实现对游客和旅游交通状况的科学有效管理；另一方面，搭建智能出行平台，面向游客发布实时动态的旅游交通信息，根据游客多样化、个性化的旅游需求，整合交通线路、客流、天气、旅游资源等信息，定制最优线路，提供精细化导览服务，提升游客旅游交通体验。

（六）构建完善新冠肺炎疫情常态化下交通运输业卫生安全防控体系

新冠肺炎疫情影响了旅游业的发展，交通运输业无疑也受到了明显冲击，海南也不例外，尤其作为以旅游业为主的旅游大省，在建设国际自由贸易港及国际旅游消费中心关键时期，如何构建好新冠肺炎疫情常态化下交通运输业卫生安全防控体系显得尤为重要。首先要建立交通运输业卫生安全防控机制，成立工作领导小组，就每天涉及进出岛业务的交通运输设施进行实时监督管理。其次要加强与卫生防疫部门合作，及时对进出岛游客及货物进行安全性检测，确保游客及货物的安全。最后要完善问题反馈及处理机制，在疫情防控期间，如遇到有疑似不稳定和已经确诊的游客及货物，应采取全链条闭环式防控措施，并对所经区域及相关设施物品进行消毒，确保对外对内的安全性。

第四章　游——业态创新打造度假胜地

目前，我国旅游业的转型升级与旅游形态创新的关系可谓是密不可分。海南之所以能成为享誉世界的旅游胜地，与其自身的努力有很大关系，尤其是在海南国际旅游岛建设项目的推进下，海南加速了旅游业的发展，如今海南的主导产业早已成为主打旅游的现代服务业。现在，海南旅游业应该优化自己的旅游产品体系，同时满足各阶层消费者的需求，推出新型旅游产品，实现成为“中国旅游特区”的蓝图，早日建成国际自由贸易港。以下则是对创新海南旅游业的分析。

一、发展现状

（一）海南旅游业业态创新的缘起

海南国际旅游消费中心是“海南国际旅游岛”的更高版本，其目标是打造集多元旅游消费模式、多元化经营类型、品牌集中、国际综合竞争力于一体的国际旅游消费中心。当国际旅游消费中心与消费城市发展到高级阶段时就形成了国际旅游消费中心，它具有很多功能，包括拥有健全的基础设施、完善的旅游产业体系、独特的吸引消费能力。因此，许多国际游客爱聚集于此，且国际大型活动也常在此举办。

旅游产业在实现了产业价值链的扩展延伸后就可以实现其最大效益，若实现了匹配度高的旅游创新形式，则还可以驱动产业效应增强。当下旅游业态创新成为突破口，海南旅游产业已经转型升级且拓展了消费空间，归根结底是因为新型旅游产业扩大了市场的需求、又一次激发了消费热点，这些都加快了海南国际旅游消费中心的建设。基于此，利用经济特区战略地位和国际旅游岛等优势，在充分依托自然生态资源的条件下，海南省层层推进旅游产业的发展，逐渐形成了集文化、生态、疗养、体育、会议、婚庆等于一体的旅游方式，使旅游产品变得更加多元化，游客体验也得到了提升。

“十三五”期间，累计有3.52亿人次选择海南作为旅游目的地，而海南旅游总收入也达到了4364.91亿元。2016—2019年，累计有2.87亿人次选择海南作为旅游目的地，年均增长了11.4%；其中，有456.79万人次为入境过夜旅客，年均增长了23.9%；旅游总收入达到了3492.05亿元，年均增长了15.9%。2019年，海南旅游业对全省国民经济直接贡献率和综合贡献率分别为11.60%和27.97%（见图4-7）。

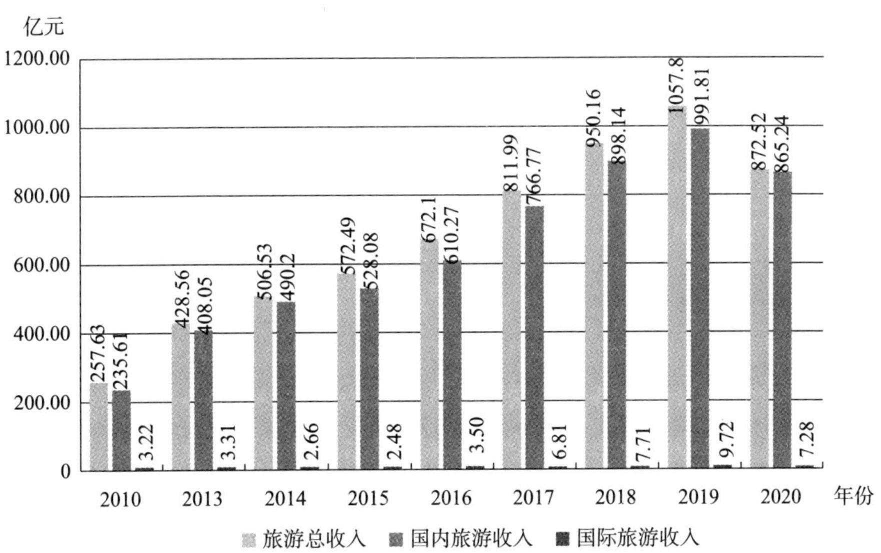

图4-7　2010—2020年海南省旅游收入情况

资料来源：海南省统计局。

（二）海南旅游业业态创新的发展概况

现阶段，海南省已建成9个成熟的滨海旅游度假区，包括亚龙湾、海棠湾、三亚湾、大东海等，此外还有18个精品海湾。

目前，共有 75 家景点坐落在资源丰富的海南省，包括 30 家国家 A 级以上的景点。在政府对自由贸易港建设的大力支持下，2019 年共有 8311.20 万人次来海南旅游，相较 2018 年增长了 9.0%。2020 年，尽管受到新冠肺炎疫情的影响，但是在严格的疫情防控下，海南仍为国内重要的旅游目的地，其旅游产业效益恢复较好，截至 2020 年底，海南省接待游客达 6455.09 万人次，已恢复为 2019 年的 77.7%（见图 4-8）。

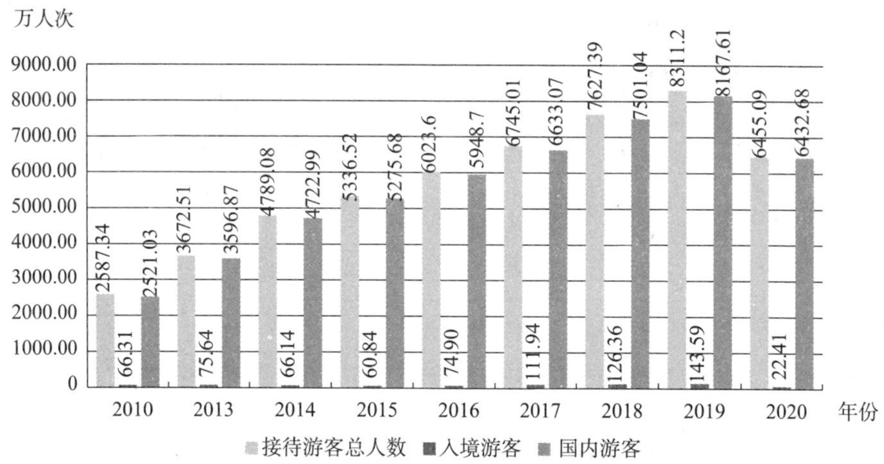

图 4-8　2010—2020 年海南省旅游人数情况

资料来源：《海南省统计年鉴》。

2020 年，由于海南旅游产品的供给愈加丰富，新增了 9 个 A 级景区、2 个旅游小镇、79 个椰级乡村旅游景点，4 个离岛免税店的总销售额也再创新高，超过 320 亿元。在成功举办首届非物质文化遗产购物节与“海南锦绣世界文化周”后，旅游文化融合发展日渐壮大，共有 170 万人次参观了全省各级博物馆。国家为了创建稳步发展的体育旅游示范区，出台了《海南省国家体育旅游示范区发展规划（2020—2025）》，在这之后，海南成功举办了海南高尔夫球公开赛与环海南岛国际大帆船赛等品牌赛事，国家体育总局还为 9 个体育训练基地统一命名为“国家体育训练南方基地”。首届海南电视剧产业高峰论坛的成功举办也标志着海南旅游与广播电视的融合逐渐深入。大力发展文化旅游，充分依托黎族的黎锦文化、儋州调声、琼剧、历史文化、海洋文化、岛屿文化、生态文化、现代时尚文化等资源，为游客提供丰富的文化旅游体验；充分发展生态旅游，依托海南独特的热带原始雨林动植物资源和优质的生态环境建立了10个国家级自然生态保护区、11个国家森林公园及滨海湿地，生态旅游不断发展；逐步发展康养旅游，依托自身的自然资源，现已开发建成6个温泉旅游度假区，并加快打造博鳌乐城国际医疗旅游先行区，除博鳌超级医院外，还吸引了国内外几十家医疗养生机构入驻；加快发展体育旅游，承办了系列国际体育赛事，高尔夫旅游快速发展，建立了45个高尔夫球会和73个高尔夫球场；全面发展乡村旅游，开发优质乡村旅游资源点440个，其中省级乡村旅游点达43个，独具特色的热带观光、休闲度假农业为游客带来了独特的田园生活体验；充分发挥博鳌亚洲论坛的品牌效应和带动作用，海南会议旅游不断发展，引进了世界休闲旅游博览会、世界小姐决赛等国际性大型展会、论坛等。

随着海南旅游业态的不断更新、升级，如今海南的乡村旅游是实现脱贫攻坚、脱贫不返贫的重要渠道，也是周边消费者的主要消费方式。在发展乡村旅游方面海南具有很大的优势，如其优良的自然条件及当下的政策红利和市场需求，这些都为海南省乡村旅游的发展创造了条件。2019年，海南省乡村旅游接待游客达1081.31万人次，相较2018年增加了约57万人次（见图4-9），累计评定椰级乡村旅游点106个。“全域旅游+美丽乡村”为海南国际旅游岛建设谱写了新篇章。

与此同时，还要紧跟时代潮流与消费热点，例如，发展具有海南特点的婚庆基地和蜜月路线，如大小洞天、天涯海角等热门景区成为消费者最向往的结婚圣地。此外，海南省也发展房车旅游，房车旅游的营地正在不断完善，为消费者和旅游者提供新奇的旅游体验。

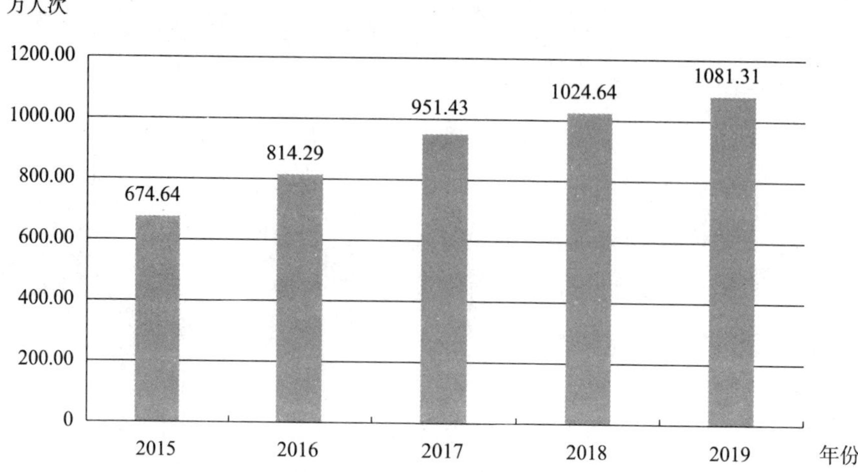

图 4-9　2015—2019 年海南省乡村旅游接待游客情况

资料来源：海南省统计局。

二、现存问题

（一）旅游产业创新不足，业态创新思路更新缓慢

旅游业是一个需要特色、个性的领域，只有不断创造新的看点，才能持续地吸引游客。创新应当是有所扬弃，又有所赶超的，海南作为国际旅游岛进行旅游产业的业态创新，应当全面发散思维，创新旅游观念、思路和方法，最大限度地开发和利用海南所拥有的旅游资源，做好市场研究、不断开拓旅游市场规模，从而实质性地解决旅游发展的问题，推动海南旅游业进一步发展、创新。

（二）旅游产品结构单一，旅游业综合竞争力不强

目前，不管是国内市场还是国际市场，旅游产品的竞争都十分激烈，具有竞争力的旅游产品需要独特的吸引点和品牌效应，但海南省目前的旅游产品结构单一，缺少知名度高的旅游产品，相对于国际知名品牌没有太大的竞争优势。此外，海南省旅游的淡旺季很突出，淡季时出现了供大于求的现象，导致旅游服务质量较差和供给者经济效应较低的情况；而旺季

时旅游供给仅基本得到满足。

此外，海南旅游企业的组织结构不合理、企业规模化程度不高等导致海南旅游业综合竞争力不强、市场竞争力和市场份额较低等。

（三）海南产业结构基础薄弱，旅游业对外开放程度低

海南省有很多如热带农业、海洋产业等的特色产业，海南省拥有独特的地理位置，但是其未能充分利用天然的优势创造收益。这主要体现在海洋产业方面和海南畜牧业方面，海洋生物开发利用率低，对海南经济的贡献较小；畜牧业专业技术设施不完善，缺乏专业人才和具有竞争力的品牌。最重要的是，海南省的工业基础薄弱，工业规模、技术设施、人才质量等还有待发展，产业链结构不完整，工业市场竞争力有待提升，这使得海南省难以形成产业集群。

（四）基础配套设施不完备，旅游业态创新环境有待提升

旅游业态创新是海南省旅游发展的重要途径，但海南的制度环境、政务环境、运营环境不同程度地限制了其发展。未来要在旅游协会、企业和部门共同努力下，实现进一步可持续发展的旅游业态创新。现阶段，海南公共服务体系与公共配套设施不完善，公共服务的便利化与国际化程度较低。具体来说，海南的智能化设施较少、无障碍设施不够完善、景区设施有待改善、互联网平台信息更新不及时等缺陷都表明了其基础配套设施还有待进一步的完善。

三、构建思路

特色为主、品质至上，依托海南自身优势和发展实际，挖掘资源、文化特色，丰富旅游产品供给，为游客提供深刻的旅游体验。海南是我国唯一的热带岛屿省份，具有天然的地理优势和旅游资源优势，其地理位置孕育了海南岛优越的气候条件、丰富的自然生态资源和海洋资源，形成了丰富的民族民俗文化、岛屿文化、侨乡文化等。现阶段，海南着力打造自由贸易港、建设国际旅游消费中心，政策、资源、人才不断汇聚，优势更加凸显。充分依托海南丰富多样的自然、文化资源优势，以特色为主导，文

化内涵挖掘和创新打造为重点，丰富旅游产品供给；坚持品质至上的原则，在提升旅游产品品质的同时，不断优化旅游服务质量和旅游消费环境，为游客带来更丰富优质的旅游体验。

四、发展定位

以“阳光海南，度假天堂”（Sunshine Hainan，Vacation Paradise）旅游形象定位为基础，准确把握海南关键旅游资源，顺应消费者旅游偏好和满足旅游需求，提供高品质、多样化、特色化的旅游产品，打造国际性旅游度假胜地，推动建成国际旅游消费中心。

五、发展思路

增强海南旅游对消费者的吸引力，打造特色品牌形象，推出系列旅游产品，加强旅游推广和营销，拓宽营销渠道；深化旅游业态创新，依托旅游资源优势来丰富旅游产品供给体系、构建旅游核心吸引物；深挖特色文化与资源，打造特色旅游品牌，提升品牌知名度，进一步提升旅游竞争力；强化旅游市场管理与服务，提升旅游国际化水平。

六、战略举措

（一）强化旅游宣传与营销力度，提升整体旅游形象

围绕“阳光海南，度假天堂”的整体旅游形象，整合全省各主体的宣传营销资源，结合海南省多样化的旅游产品体系和个性化的游客市场需求，充分借助线上线下、传统和新兴营销渠道系统地开展旅游宣传与营销。针对中国港澳台地区、东南亚、俄罗斯、韩国等主要境外客源市场，整合各政府部门资源，积极开展和参与旅游推介会、展会活动，建立与境外相关部门、旅游组织和旅游企业的长效合作；面向不同客源国和区域开展差异化、有针对性的营销推广，例如，对于俄罗斯客源市场，要主要宣传和推广海滨休闲度假旅游，突出海南充足的阳光、多样化的沙滩和水上

休闲活动等旅游特点；针对韩国客源市场，要重点宣传和推广高尔夫体育旅游等，顺应游客需求，增强旅游吸引力。针对国内客源市场，加强与客源地的交流合作，创新探索旅游互宣互推、客源互送、信息共享等合作模式；加快拓展旅游营销渠道，充分运用新兴自媒体扩大宣传与营销，尝试“网红”营销方式，借助网红打卡地、网红活动、网红事件等进行营销推广。

（二）深化旅游业态创新，丰富旅游产品供给

持续深化旅游业态创新，全面发展“旅游+”新业态，丰富旅游产品供给体系。充分挖掘海南民族民俗文化、岛屿文化、侨乡文化、海洋文化等，大力发展“旅游+文化”新业态，丰富文化旅游体验；依托海南优越的气候条件、多样的生态自然环境、丰富的温泉旅游资源和国际医疗旅游先行区建设，加快发展“旅游+康养”新业态；依托海南热带农业发展和多样化的乡村旅游资源，推进“旅游+农业”新业态，创新打造独具特色的乡村旅游点和农业特色小镇等，丰富游客乡村田园体验；加快推进海南中国南方体育训练基地建设，开展高尔夫球、登山、漂流、水上运动等多样化的体育旅游活动，积极承办国际沙滩排球、国际帆船等大型体育赛事，创新探索发展体育彩票等，发展“旅游+体育”新业态；依托博鳌亚洲论坛品牌效应，积极承办国际商品博览会、国际农产品博览、国际时装周、颁奖典礼、动漫电影节等，发展“旅游+会展”的旅游新业态。

（三）融合前沿消费热点，打造特色旅游品牌

抓住海南建设自由贸易港、建设国际旅游消费中心的政策及资源优势，深入挖掘海南现代时尚文化，融合前沿消费热点，着力打造婚庆旅游、低空旅游、邮轮旅游、游艇旅游等特色旅游品牌，凝聚品牌竞争力，推动旅游产业发展。从整合资源、活动营销、商业运作等方面着手，充分挖掘甜蜜浪漫文化，完善现有的婚庆基地，结合特色休闲旅游度假区创新策划蜜月婚庆旅游线路，探索旅游特色化、婚庆产业化和旅居一体化融合发展新模式；加快完善与水上飞机、滑翔伞、热气球、运动飞机等低空旅游活动配套的基础设施建设，结合海南的资源优势和旅游特点，策划精品低空旅游线路，探索城市低空观光旅游、海滨海岛低空观光旅游、热带雨

林低空观光旅游等低空旅游产品，加快建成海南特色低空旅游品牌；全面推进邮轮、游艇旅游发展，完善海口、三亚邮轮母港及游艇码头、口岸基础设施建设，加强与港澳地区、东南亚国家的合作，打造精品邮轮旅游航线和特色游艇旅游产品，积极培育集邮轮、游艇设计制造、展示、销售、租赁、清洁保养等于一体的完整产业链，推动邮轮、游艇旅游消费大众化发展，形成海南特色邮轮、游艇旅游品牌。

（四）强化市场监管与服务，提升旅游国际化水平

不断强化旅游市场监督与管理，创新市场监管理念，有序拓展对低空旅游、邮轮、游艇旅游等新兴旅游业态和旅游消费领域的监管，加快完善旅游市场监管机制；加强与国内外标准化组织的交流与互动，严格对标国际标准，完善旅游行业经营管理标准规范和监督管理办法，促进海南旅游发展质量与国际接轨。

全面提升旅游服务国际化水平，加强旅游服务质量，对标国内外旅游服务质量标准，规范制定旅游服务流程，提升旅游服务质量和水平；加快引进国内外服务行业高素质管理人才，从机场、火车站到酒店、景区等，全面开展相关旅游服务人员素质技能培训，重点培训英语交流技能，为游客提供热情周到的国际化旅游服务。

第五章　娱——体育旅游拓展新型旅游

一、发展现状

体育旅游是旅游产业和体育项目相结合的新型旅游产业形态，其促进了旅游产业和体育产业同时转型和升级，是两个产业供给侧结构性改革的重要方式。海南国际旅游岛近年来不断发展新兴旅游模式，鼓励各式各样的旅游业态发展，参与性和娱乐性的体育旅游也将加速发展。

（一）海南体育旅游的缘起

近年来，无论是国内还是国外的旅游市场，体育旅游都将是旅游产业细分发展迅速的市场。海南是一个世界知名的旅游休闲度假胜地，有着得天独厚的地理位置优势，完全可以实现旅游中有体育、户外活动中有旅游的新模式。

2019 年 9 月，国务院办公厅印发的《体育强国建设纲要》中体育旅游被多次提及，并计划加快在海南建设国家体育旅游示范区。

2018 年 9 月，国务院发布的《关于印发中国（海南）自由贸易试验区总体方案的通知》明确指出，海南省的产业建设总体目标是“三区一中心”，强调企业要在统筹发展特色旅游业、现代文化服务业、高新技术的政策指导下，科学、合理地布局海南岛旅游产业，大力发展新型国际体育医疗服务旅游。国际体育医疗旅游产业是通过体育产业资源整合方式推动国际旅游消费中心产业建设的重要经济载体，根据《海南省国家体育旅游示范区发展规划（2020—2025）》的有关要求，通过“一圈、五区、五极、七核”的产业空间布局，促进国际体育与医疗旅游两个产业整体空间发展格局的平衡。

（二）海南体育旅游的发展概况

海南丰富的自然景观资源和优越的地理气候资源是海南省全年开展体育休闲旅游不可或缺的重要条件。

海南省的众多国际体育赛事（包括体育休闲活动）也将是其走向国际化的品牌，使其影响力不断提升，如环海南岛大帆船赛、国际高速公路比赛场地个人自行车赛、海南国际高尔夫场地网球中国公开赛、海南国际马拉松等，促进海南省体育运动休闲度假旅游的产业持续健康发展及应用服务提升。海南省还将在景区内建设各种大型的个人体育场地（馆），如国际海上个人体育运动场、水上运动场、游泳馆、高尔夫球场、排球馆和国际个人武术馆，为各类体育项目运动员户外训练提供配套硬件服务设施，从而促进海南体育运动休闲度假旅游的健康持续发展。

海南省重视体育旅游的发展，在政策上鼓励和支持体育旅游的发展。随着系列品牌赛事的落地，让居民和游客渐渐体会到体育旅游的魅力。海南环岛自行车赛吸引了不少中外专业运动员参赛，已成功举办 13 届。2008 年 4 月，“2008 中国铁人三项赛”在海口市西海岸拉开帷幕，参赛选手来自世界各地。据统计，此系列赛事每年有 600 多名外国选手参加，覆盖了 38 个亚洲国家和地区。环海南岛亚洲国际大帆船赛自 2009 年来连续举办了 10 次，由于该系列赛事目前是世界上唯一的亚洲国际个人环岛赛大帆船系列赛事，每年都会吸引一批外国帆船运动员。如今，环海南岛大帆船赛、环海南岛国际自行车赛和海南国际马拉松赛已经成为海南的三大国际赛事。在旅游经济发展方面，海南的环岛旅游休闲经济指标多年来一直保持着每年两位数的增长，随着环岛旅游休闲产业蓬勃发展，体育业在旅游的蓬勃发展中也需要快速增长的环岛旅游业为经济不断发展注入其内生的新动力。

2015—2020 年海南省体育旅游市场规模预测如图 4-10 所示。

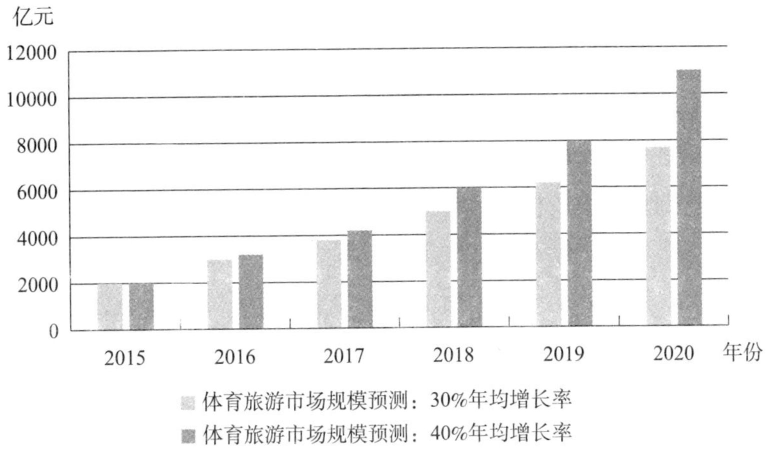

图 4-10 2015—2020 年海南省体育旅游市场规模预测

资料来源：中国产业信息网。

二、现存问题

(一) 体育旅游各项配套设施不完备

海南体育旅游由于起步较晚，基础薄弱，导致许多安保设施和设备出现了功能老化和退化等问题，存在安全隐患，达不到当前高水平赛事的要求。因此，完善安全体系和配套设施是发展海南体育旅游的关键。

(二) 体育赛事市场化程度不高

海南体育旅游消费人口少，消费群体文化水平明显不足，难以真正切实形成覆盖我国国内大面积的体育旅游辐射。此外，由于目前我国国内体育旅游起步晚、发展慢、历史短，体育旅游文化消费价值理念新和文化氛围不浓厚，影响力强、覆盖面广的世界级国际体育赛事也不多。目前，海南的低中等收入水平国家体育赛事项目数量相对较多，难以真正形成体育品牌群体聚集效应和国际体育明星集聚效应。我国体育赛事旅游项目开发策划组织难、项目运营的成熟度和文化程度低、管理混乱、顶级国际体育赛事稀缺，现有的各类大型体育赛事没有突出海南独特的自然资源开发优势，无法广泛吸引观众来海南，且很多人还没有形成体育旅游消费观念，游客认为观看体育赛事是体育旅游，而对深度参与“旅游+体育”的产品缺乏认知。因此，要让游客广泛参与这种旅游，还需要一定的宣传营销覆盖。

（三）专业人才供给不足

具备旅游服务管理能力和科学体育培训能力的复合型专业人才是海南省体育旅游发展的关键。目前，海南体育旅游从业人员低端人才多、高端人才少，了解体育产业与旅游产业的高端服务和管理人才短缺，整个体育旅游产业的人才流动过大。旅游管理、行政业务管理中的相关部门往往缺乏能力在短时间内建立一支专业的人才队伍，没有为各类大型国家体育国际区域项目配备专业的项目导游、教练员等，专门负责各类海洋体育国际综合体育项目管理的专业技术人员往往不具备良好的项目管理能力和旅游综合职业素质。同时，在各旅游行政管理部门也普遍存在一些未能按照国家科学原则制定项目管理职业资格认定证书等级认定培训管理制度，规范旅游专业人才实训培养及队伍培训管理。上述这些问题不仅不利于海南各类海洋国家体育国际区域项目旅游的健康快速发展，而且逐渐成为制约其进一步发展的瓶颈。因此，国家应该重视各类海洋国家体育国际区域项目旅游管理专业人才实训队伍的培养，为国际旅游岛的建设和体育旅游的可持续发展提供更坚实的旅游专业人才实训培养保障。

（四）体育旅游产品过于单一

海南景区有多种特色民俗民族体育文化旅游项目资源。据初步统计调查，海南景区有 50 多个民俗民族体育旅游项目，但许多独特的民族传统体育项目尚未得到很好的开发和利用。受不同历史文化因素和不同地域环境条件的制约，少数民族区域体育休闲旅游开发受到不同程度的影响。到目前为止，除槟榔园、黎苗、民俗文化体验村、野人谷等正在开发的部分少数民俗民族体育休闲旅游文化项目外，大部分民族地区的民俗民族体育休闲旅游尚未开发或开发集中程度较低。与其他发达国家和地区相比，我国民俗民族体育休闲旅游文化项目开发水平相对落后，海南省民族体育休闲旅游文化产品开发呈现出单一化的发展特点，未能充分结合当地市场消费主观体验和当地客户实际需求开发设计高质量的民俗民族体育休闲文化旅游产品。海南省体育文化旅游产品开发过度集中，导致当地民俗民族体育文化旅游产品行业出现恶性竞争，不利于整个旅游行业的稳定和可持续发展。

（五）体育旅游的发展忽视了生态发展

在海南省体育旅游的发展过程中，一些地方出现了严重的生态破坏和环境污染。例如，在发展高尔夫旅游的过程中，由于选址不当、设计不善及缺乏管理，严重浪费和破坏了土地与水资源，造成了生态环境的破坏；在开发潜水项目的过程中，人类行为严重损坏了海底珊瑚礁；在发展山地体育旅游的过程中，山地森林植被遭到破坏。这些都是体育旅游发展中的不和谐因素。海南最具吸引力的旅游产品是水上旅游，但水上旅游行业存在的各种问题正在破坏海洋生态环境。因此，发展体育旅游必须树立可持续发展理念，加强生态保护，防止体育旅游开发活动造成的环境污染和生态破坏。

三、构建思路

根据《中共中央　国务院支持海南全面深化改革纲要》的决策部署意见要求，结合海南国家体育休闲旅游产业发展的实际情况，坚持“两型四化”的旅游发展指导理念，推进国家体育休闲旅游发展示范区建设。

（一）高端运动俱乐部会所

依托海南独特的海洋资源，配备专业的场地设施和人员，提供“一条龙”服务。例如，三亚鸿洲国际游艇会所，其提供专业又个性的服务，定期组织训练与举办体育赛事。

（二）运动休闲的度假模式

采用休闲度假区和大型运动场相结合的形式，融入体育运动的休闲元素，开发体育休闲度假区和体育休闲旅游，搭建配备齐全的大型运动休闲设施，打造成集运动、休闲、度假于一体的新型体育休闲旅游创新产品，吸引国内外游客，带动周边地区体育休闲旅游及相关领域产业的健康发展。

（三）商业娱乐与体育相结合的模式

将商业项目和体育项目相结合，让周边不愿远行的人参与到体育旅游中，以体育和商业的核心运营整合周边资源，在商业区打造竞技赛事、教育培训和比赛等，开发体育旅游新模式，提高商业和体育的运营效应。

（四）体育竞技赛事模式

体育旅游通过竞技赛事的形式进行宣传，吸引国内外游客前往举办地观看和体验各种赛事活动。通过抓住大型赛事时机，形成更加多元化的体育旅游产品，提高海南体育旅游目的地的重游度。

（五）体育节庆活动模式

不断深入挖掘海南当地传统体育文化，通过举办盛大的节庆体育活动，将文化融入体育节庆活动，提高海南旅游的知名度和美誉度，打开当地的客源市场，带动当地相关行业的经济发展。

（六）体育特色小镇模式

充分发挥海南省的文化资源优势，如具有热带海滨的沿海岛屿、黎族和少数民族传统文化等，积极推动海南省区域体育文化旅游娱乐产品和文化产业的可持续发展。以体育产业为核心打造体育活动产业链的综合性项目，打造国内有特色的体育旅游小镇。

四、发展定位

根据海南“三区一中心”的国家战略发展定位，国际旅游岛等区域优势资源得到初步发挥。以海南自由贸易港建设起点为重要发展契机，以国家体育产业园区为发展主线，以各类体育休闲活动项目为核心要素，重点规划通过“体育旅游化”和“融体于旅”两条发展路径建设国家体育休闲旅游产业示范项目。

国家体育旅游示范区主要根据当前国家发展体育旅游产业的主要战略市场需求和海南自由贸易港的国家总体战略规划布局，从健康中国、体育文化旅游产业强国、海南自由贸易港建设等环节认真研究做好顶层政策规划设计，基于实现国家战略发展布局准确定位，推进国家体育旅游产业发展，客观上从产业维度和国家战略布局视野结合转向发展广度，坚持贯彻实现国家政府部门作为市场主导、企业主体作为经营主体、市场经济作为驱动、社会各界资本协同参与、专业规范协同运作的国家体育产业发展战略布局总体规划路径。

五、发展思路

海南区域体育休闲旅游产业应优化整体布局，围绕国家区域体育旅游示范区建设总体目标统筹开展，立足文化空间和旅游产业，融合两条发展主线，不断调整优化海南区域体育休闲旅游产业空间布局，将空间体育与区域文化、旅游及健康有机结合，丰富体育旅游休闲产品，拓展海南国际消费空间，实现海南区域体育休闲旅游跨越式转型发展，促进海南国际旅游消费中心建设。

六、战略举措

（1）依托全省沙滩资源，对标沙滩运动国际标准，优化沙滩运动合理布局，改善其发展环境，树立国际体育旅游业标杆，丰富赛事活动。将海南传统民族运动与沙滩运动相结合，开发新的体育旅游产品，挖掘体育文化，扩大海南沙滩运动在国内外的影响力。

（2）优化特色水上运动产业空间结构，打造海南独具特色的生态水上运动。因地制宜，合理布局，打造“大海口”“大三亚”近海水上运动双核心和中部水上运动综合体验区的“双核心一区”整体空间结构，强化特色水上运动产业品牌效应，加强基础设施安全保障，提升海南特色水上运动产业发展生态环境，推动海南特色水上运动品牌国际化。

第六章　购——免税购物引领转型升级

为了吸引更多游客前来旅游消费，从而带动目的地相关产业发展，世界各大发达旅游点先后出台了各项旅游购物退税及免税政策，以提高自身旅游地形象、增强自身旅游吸引力和竞争力。自 2011 年 1 月起，在海南省推行的离岛免税政策是海南建设国际旅游岛的里程碑事件。海南若要打造具有竞争力与吸引力的国际旅游岛品牌，海南免税购物则是不可或缺的一部分。各地游客通过在海南免税购物，感受海南带给他们的便捷感，由此在游客心中留下美好的印象，提高了海南国际旅游岛对各地游客的吸引力。以下是对海南免税购物旅游的分析。

一、发展现状

（一）海南免税购物旅游的缘起

早在 1979 年，免税业就在我国得到了承认。到了 1984 年，中免集团被国务院批准成立，按照“三个统一”的职能，对全国免税业实行集中统一管理。2011 年 1 月，境外游客“离境退税”政策的正式实施使海南成为境外游客在中国的购物天堂。2011 年 4 月 20 日，海南试运行“离岛免税”政策，从那时起海南实施的离岛免税政策已经成为海南自由贸易港建设和“一带一路”倡议实施的重要基石，为海南社会经济发展提供了强而有力的后备力量。2018 年发布的《海南省建设国际旅游消费中心的实施方案》接着提出“要打造全球免税购物中心和时尚消费中心，实施更加开放便利的离岛免税政策，建设时尚高端消费品设计展示交易中心”。离岛免税政策是我国旅游公共政策的创新，也是推动海南建设国际旅游消费中心的重要政策，其实现了海南由单一观光旅游向观光购物复合旅游的转变，完善了旅游消费业态，实现了旅游产业转型升级。

（二）海南免税购物旅游的发展概况

要使海南免税购物旅游得到更好的发展，对其进行详细、深入的调查是必不可少的。尽管海南的免税购物得到了快速的发展，但是其传统旅游购物并未因此遭受打击，海南的消费市场上出现了传统旅游购物与新兴免税购物并行的繁荣局面。另外，自离岛免税政策实施以来，海南免税购物便迅速引领海南经济转型升级，显著拉动当地经济发展、提高海南旅游收入，现已成为仅次于自然景观和气候环境的海南旅游要素，它以优惠的价格和便捷的服务吸引了大量游客赴海南岛旅游并参与免税购物。据商务部统计，海南离岛免税销售额从 2011 年的 9. 97 亿元增长到 2019 年的 136. 00 亿元。2012—2020 年海南离岛人群免税品购物率如图 4-11 所示。

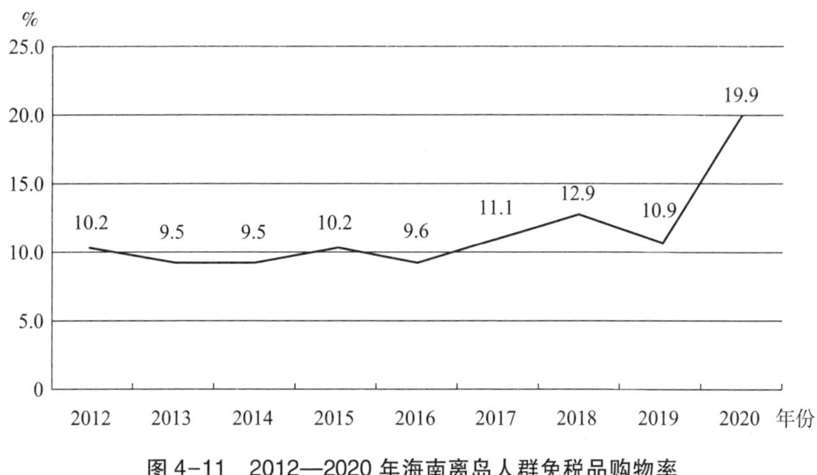

图 4-11　2012—2020 年海南离岛人群免税品购物率

资料来源：中国商务部、中国海口海关。

2020 年 6 月 29 日，为推动海南自由贸易港建设，各部门联合发布《关于海南离岛旅客免税购物政策的公告》。虽然 2020 年新冠肺炎疫情对全球免税业和旅游业造成了沉重的打击，海南作为国内主要的旅游目的地也不例外，2020 年海南游客数下降了 22. 3%，但是海南的免税消费在国家政策红利加持下却呈现出蓬勃的生命力，仅 2020 年，海南离岛免税销售额

（包括含税项目）较 2019 年增长了 127%，超过 320 亿元人民币。新冠肺炎疫情期间，海南免税购物的强势增长可以吸引更多的海外奢侈品消费回流，带动海南旅游业、餐饮业等相关行业的共同发展，推动实现海南成为国际旅游消费中心的战略目标。

《2021—2027 年中国免税行业市场竞争现状及发展趋势分析报告》数据显示，2020 年海南离岛旅客免税购物人次为 449.00 万人次，同比增长 19.4%，截至 2021 年 1 月，海南离岛旅客免税购物人次为 50.9 万人次（见图 4-12）。

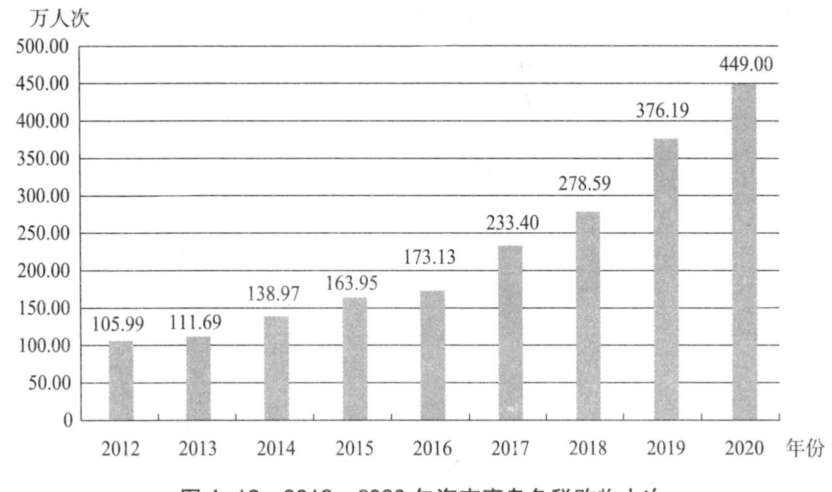

图 4-12　2012—2020 年海南离岛免税购物人次

资料来源：中华人民共和国海口海关。

海南自由贸易港建设早期收获的重要内容之一就是不断升级完善的离岛免税购物政策。据海关统计，2020 年 7 月 1 日至 2021 年 4 月 6 日，海关共监管离岛免税购物金额达 347 亿元、免税购物件数达 4326 万件、免税购物旅客达 496 万人次，同比分别增长 244%、215%、101%。根据如今海南吸引境外消费回流的规模，海南省委书记沈晓明预计 2021 年全岛免税消费额将超过 600 亿元。

二、现存问题

（一）购物旅游商品缺乏海岛特色，未形成本地品牌

海南受大自然的馈赠，拥有丰富的自然资源，但其自然资源开发力度不足，使传统购物行业局限于简单的工艺纪念品加工售卖及土特产售卖，资源转化率低，人均消费少，对消费市场潜力挖掘不足，缺乏长远效益。在各地游客的心中，最具海南特色的旅游商品非椰子和贝壳莫属。椰子系列产品有椰子壳挎包、椰子挂饰、椰子风铃，贝壳系列产品有贝壳项链、贝壳手链、贝壳耳环等。大多数游客在离岛时会买这两种最具当地自然和文化特色的产品作为伴手礼。但当地的购物旅游没有充分考虑当地特色产品系列，产品的生产加工业缺乏创意，销售结构缺乏合理性等，从而使这些特色产品在其他特色旅游产品的对比下缺乏新鲜感，游客也就越来越对其失去关注度。再加上海南本地的大多数企业在特色产品的生产、加工、创新、销售等方面缺乏品牌与特色意识，只会大量地复制同类产品，使产品的外形、功能、使用感等普遍存在单一性、单调性，从而使其定价缺乏优势，只能一味低价、平价、特价，导致游客忽视其特色产品的价值，特色产品也变得不再具有特色，只是市场上的复制品。

（二）传统购物的宣传能力不足，缺乏深度开发研究

由于海南传统购物的宣传力度不足、手段单一，导致游客购物的兴致不高。随着互联网的发展，线上购物越发流行，而各种网络自媒体、主播、网红带货等的兴起使线上购物更加蓬勃发展。因此，海南应不局限于以实体店为主的线下销售方式，可以多开发新兴的销售方式，让游客感受到购物的便捷，再结合线上的互动活动和优惠活动，激发游客的购物欲望。另外，可以结合“线上购物+线下旅行社”的合作方式，如在线上购买海南本地特色产品，由线下旅行社发货，线下旅行社在其中可以增加与购物者的互动，从而使购物者实现从线上购物到线下体验的转变，增加购物者忠诚度的同时，带动旅行社的发展。

（三）传统购物环境欠佳，行业服务人员素质有待提高

海南传统旅游购物的环境不理想，购物市场缺乏统一的管理，导致假冒伪劣产品进入市场，大大拉低了消费者的消费体验。如果说这只是中国旅游业的硬件方面，而硬件方面可以通过相关的政策制度加以管理改善，那么中国旅游业的软件方面也不甚理想。其中最突出的便是服务方面，海南旅游业缺乏对服务的重视，特别是旅游业的从业人员，他们大多缺少相应的服务技能培训，对服务的相关内容了解甚少，因此他们的服务态度相较于其他发达地区的旅游从业人员差距较大，使游客来海南旅游时得不到较好的旅游体验和旅游关怀。此外，海南团队旅游中强制购物的情况层出不穷，这些都严重损害了海南在旅游者心中的形象，不利于提升客户的旅游购物体验。

（四）免税购物壁垒较高，免税行业被垄断

众所周知，我国免税市场不仅准入门槛较高，而且政府审批免税市场的程序非常严格，因此我国的免税消费市场一直被“老七家”垄断。海南有 4 家免税店，即海口美兰机场免税店、海口日月广场免税店、琼海博鳌免税店、三亚海棠湾免税店，它们都为国资企业中免集团所有，海南免税行业的高垄断性和较高的准入门槛导致海南免税行业缺少竞争、效率较低等。但是，要建设国际旅游岛，海南就必须向具有国际化水平的道路上发展，其市场营商环境就更应该与国际化接轨。然而，目前在实行建设海南国际旅游消费中心的工作中，还存在着巨大的挑战。

（五）免税品牌较少，免税购物提货不够便捷

海南免税店虽然入驻的品牌种类丰富，但是存在着品牌款式单一、产品品类不全、不能满足客户的多样化需求等问题。随着社会的不断发展，人民生活水平显著提高，人们越来越喜欢购买各种各样的商品以满足自己的需求和追求。由于国外的奢侈品在国内的价格会比国外的价格高，因此随着交通越来越便利，人们便开始喜欢去国外购买所需的奢侈品。尽管海南拥有多个免税商店，但是其无法满足消费者的需求。即使撇开产品种类

不谈，海南免税商店所给予消费者的购物体验也不能使消费者满意，如免税品常出现断货的情况、产品库存严重不足、排队付费等待的时间较长等，这些都使海南免税店在世界各地的免税店中缺乏竞争力和吸引力。

（六）海南尚未建立完善的法律法规及政策体系

海南国际旅游岛建设的重中之重是法治环境的建设，当前海南旅游正从简单的观光游向多样化的旅游发展。而购物是游客的常见旅游行为，但就现阶段海南的旅游购物环境而言，仍存在着许多问题。售假、强卖、畸形高价等现象屡禁不止，这些购物问题极大地影响了海南的旅游目的地形象，更给国际旅游岛带来了负面影响。海南国际旅游岛在目前购物环境的建设过程中还没有建立起完善的法律法规机制及政策体系，易导致购物市场的混乱，出现欺诈消费者等市场不良行为，从而破坏海南购物市场的形象，打击了旅游者的购物积极性，不利于海南购物行业的长久发展。因此，海南需要在购物安全上立足，从游客体验感出发，重新考虑对旅游购物中出现的问题进行整治。

（七）旅游行业专业人才匮乏，对旅游专业优秀人才的吸引力不足

海南的购物行业缺少专业性的指导人才来推动行业转型升级，而较低的薪资水平及过高的物价和房价也是海南难以吸引专业优秀人才的主要原因之一。对此，政府可以及时出台一系列与之相对应的人才引进计划，充分调动自身拥有的人才储备来建设海南的购物旅游。例如，在初期发展免税店时，可以通过给予经济支持等激励方式选派旅游专业的专家、学者进行实地调研和考察，对潜在及现有的问题进行分析，为海南购物中心的发展提供可行性的建议。同时，要重点培养本地的优秀专业人才。例如，企业可以联合本地高校培育专业旅游行业人才。

三、构建思路

全力推进传统旅游购物与新兴免税购物共同发展，以免税购物引领产业转型升级。打造海南免税购物天堂，吸引国内外消费者前来购物，带动购物、旅游、餐饮等相关产业发展。将购物行业发展与海南国际旅游消费

中心建设相结合，深入海南自由贸易港建设，使其成为海南经济发展不可或缺的新动力。

四、发展定位

推动海南在2025年建成国际旅游消费中心，打造国际、多元与体验“三位一体”的购物中心，对标国际知名购物目的地——香港，大力发展免税购物，以中国大陆为主要客源地市场，凭借完善的免税政策、物超所值的价格及周到体贴的服务满足人们日益增长的消费需要，使其成为具有国际高标准、高品质的免税购物天堂。

五、发展思路

以免税购物为主体，推动海南购物不断创新发展，通过创新现有制度规则、吸引各地旅游人才、提供完善的法律制度保障、建设公平公开透明的市场环境等来进一步刺激消费，极大地挖掘消费潜力，促进当地各行各业的消费升级，从而带动旅游、餐饮等相关行业共同发展。以点及面推进海南国际旅游消费中心建设，一手抓国内消费，一手抓国外进口，维持对外贸易平衡，打造海南自由贸易港。

六、战略举措

（一）实行更加开放的离岛免税政策，提升海南的软环境

海南要成为购物天堂，提升旅游服务业的软环境是必不可少的一步。旅游业是典型的服务性行业，旅游中的各个环节都涉及服务内容，而服务内容给予游客的感受和体验是最直接的，因此服务内容的重要性不容忽视。在健全、完善现有的离岛免税政策的基础上，还要改善现有的服务体制，把旅游服务建设与旅游产品、市场的开发建设相结合，创新服务内容和体验，提升旅游服务质量，乃至海南整个服务业的服务质量和水平，从而提高游客的满意度和忠诚度。

（二）进一步完善海南购物相关法律法规和政策体系

海南当地管理部门应在结合实际情况采纳社会各界建议的基础上，站在推动海南自由贸易港建设的宏观角度进一步完善海南购物行业的相关法律法规体系。根据实质问题出台地方法规，为海南购物的发展提供强有力的法律保障。海南本地政府可以在各监管部门、旅游行业工作人员、游客等方面实施一系列的措施。首先，政府各监管部门要增强监管力度，对强制旅游购物、欺骗消费者购物等不良的旅游购物行为进行强有力的打击和抵制。其次，政府可以加强对导游的宣传和教育、培训和评估、监督和管理，树立良好的导游形象及典型，促使导游提高服务意识与守法观念。最后，通过线上线下相结合的方式对游客进行旅游购物的正面教育，引导游客理智消费、合法维护自身权益。

（三）营造良好的市场氛围，吸引培育更多专业人才

对旅游产品的开发、加工、生产和销售等环节加以管理，给予一定的经济支持，如对于旅游新产品的上市，其商品税可酌情减少，为旅游新产品的成长与发展添砖加瓦。加快购物服务配套设施的建设，加强职工法律、伦理及职业道德教育，整顿市场欺蒙消费者的行为，引导行业走向良性循环，为客户带来高质量的服务体验。同时，要进一步推动海南教育改革发展，培养更多优秀、专业的本土人才，推出更加开放的人才吸引战略，吸引世界顶尖人才投身海南自由贸易港建设。政府可以制定系统化的旅游产品，开发科研人员的培养计划，打造一支高素质的旅游产品开发科研队伍，也可以在海南本地的高校、职业院校开设相关专业课程，加强旅游专业人才的知识储备。同时在高校、职业院校定期举办相应的活动，以激发潜在人才的创造潜能，丰富海南现有的旅游商品体系。

（四）全力推动国际邮轮业务，促进外国游客入境业务的便捷化

未来免税店的发展最重要的是要扩大消费群体。对此，海南省可以发展国际邮轮业务，吸引更多国际邮轮在海南注册，对乘坐邮轮入境的外国游客实行 15 天免签政策，方便外国游客入境，进而带动更多的外国游客前

往海南消费，强化海南在外国游客心中的国际化形象，从而推动海南早日成为真正的国际旅游岛。

（五）深化改革，培育多元化免税市场

免税企业战略运营对海南离岛免税业的发展具有至关重要的作用。当前，免税企业的首要任务是在企业层面进一步满足消费者多元化的购物需求，吸引国内外游客到海南旅游，从而实现消费回流。

免税企业应根据离岛细则中关于免税商品品种和免税额度的规定，着力补充国家新准许的电子类、酒类和茶叶类商品，从而引起国内消费者的兴趣。面对激烈的行业竞争，应当引进多层次的免税商品，以满足不同消费群体对价格及质量的差异化需求，提升国内消费者的购物体验感。以内需带动外需，通过满足国内消费者国际化、多元化、品质化的购物需求，推动国际市场对海南离岛免税购物市场的消费需求。

中共中央、国务院《关于支持海南全面深化改革开放的指导意见》指出："大力推进旅游消费领域对外开放，积极培育旅游消费新热点，下大气力提升服务质量和国际化水平，打造业态丰富、品牌集聚、环境舒适、特色鲜明的国际旅游消费胜地。"在海南全岛建设自由贸易试验区是党中央做出的重大战略决策，建设国际旅游消费中心是新时代海南深化改革开放的重要篇章。

自国际旅游岛建设以来，旅游业已然成为支撑海南社会经济发展的主导产业，在全省范围内也开始形成以"吃、住、行、游、娱、购"为核心的功能业态，无论是经济效益还是社会效益均在海南不同地区、不同市县实现了质的飞跃，人民生活水平进一步提高，旅游生态环境保护更加规范，旅游服务质量更加完善，旅游休闲娱乐内容更加丰富，由旅游业发展带来的社会经济效益奠定了海南自由贸易港和国际旅游消费中心发展建设的重要基础。但在新冠肺炎疫情常态化及普罗大众对美好生活水平更高要求的背景下，海南的旅游发展还存在诸多需要改善的地方，实现更完善的旅游安全保障、旅游消费保障、旅游服务保障等对于未来海南旅游发展实现更高的跨越、实现真正意义上的旅游消费国际化、成为国际知名旅游目

的地是必须的，关键在于海南要加强体制机制集成创新、要敢闯敢试敢为人先，种好改革开放“试验田”，大力提升自身的创新发展能力，在未来推进海南国际旅游消费中心建设历程中，向全球推送更多的“海南经验”，切实将海南旅游推广至全世界，共享中国深化改革开放的经验果实。

第七章　养——旅游养生打造康养天堂

现阶段，“健康生活”的理念深入人心，康养旅游是一种目前被大家喜爱、特别受中老年人欢迎的旅游模式，在未来有很大的发展空间。因为越来越多的人更加注重身体健康，所以将“健康”与“旅游”结合势必能够赢得消费者的青睐。海南省是我国唯一的热带岛屿省份，这里的气候及自然环境吸引着游客前来，未来的发展空间巨大。近年来，海南国际旅游岛的建设及自由贸易港建设推进，海南省政府的全力支持，这些都为海南打造康养旅游产业打下了坚实的基础，但还存在着一系列待改进的问题。当前机遇与挑战并存，如何利用好政策红利打造海南独特的康养旅游产业是当下的重点任务。以下是对海南康养旅游业的分析。

一、发展现状

（一）海南康养旅游的缘起

随着我国经济的快速发展和人民生活水平的迅速提高，人们对生活质量的要求越来越高，开始追求更高品质的生活，加上现阶段人们的消费理念发生了较大转变，在日常生活中更加注重精神生活的享受。康养旅游的出现拓宽了市场空间，受到政府管理部门的重视，实现了现有资源利益最大化，提高了居民的精神文化水平。

数据显示，2010—2020 年，我国的康养旅游市场规模逐年扩大（见图 4-13）。2020 年，中国大健康产业规模超过 8 万亿元，居全球第一位。近年来，我国人口老龄化现象越来越明显，老年人数量逐年增多，世界卫生组织预测我国将在 2033 年成为世界上老龄化现象最严重的国家。此外，

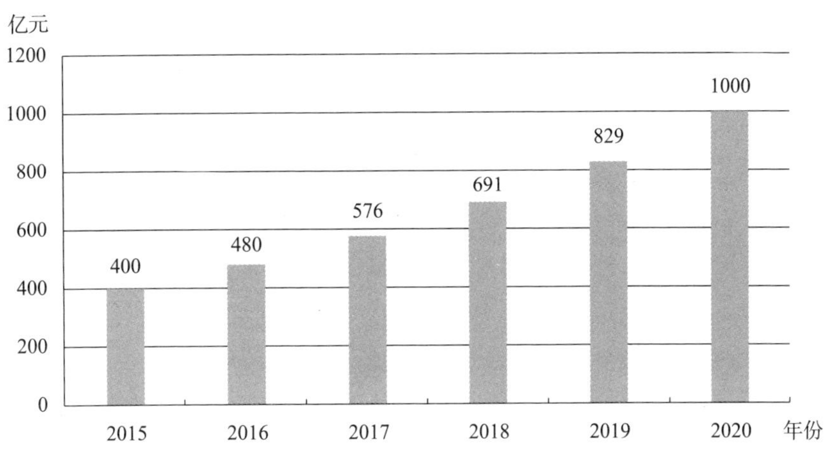

图 4-13　2015—2020 年中国康养旅游市场规模及预测

资料来源：前瞻产业研究院。

健康问题、环境恶化、大气层污染等城市不良现象在中国很多城市比较明显。现在越来越多的群体注重养生，知道身体是革命的本钱，老年人及青年人对于健康和生活质量的要求越来越高。在这种社会背景下，促进形成了一个巨大的产业市场，那就是康养旅游，随着上述现象日益明显化，康养旅游将有很大的受益群体及发展空间。

（二）海南康养旅游的发展概况

海南省地理条件优越，有完善的基础设施、独特的气候条件、便捷的交通设施，更有环岛轻轨贯穿全岛。自海南建设自由贸易港以来，康养产业受到了省政府的高度重视，目前已经发展成为海南省的重要产业。海南的康养产业发展至今，几乎囊括了康养旅游涉及的所有原生资源，如温泉、海岛、森林、南药等。海南健康产业整体呈现稳步上升的发展趋势，具体体现在规模的增加、特色产品及格局的形成。相关数据显示，近年来海南不断增加的候鸟人口，具体表现为从 2015 年的 115 万人到 2020 年的 171 万人。流动型候鸟人口占比逐年增加，2015—2020 年流动型候鸟人口占比增长 5%（见图 4-14）。

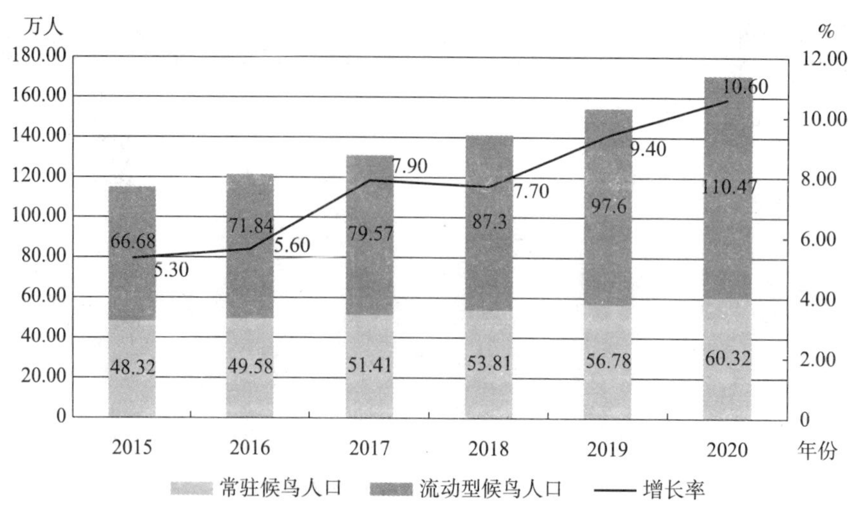

图 4-14 2015—2020 年海南省候鸟人口及增长率

资料来源：《海南省统计年鉴》。

目前，海南省的产业发展主要以服务业为主，为了构建完备的服务体系，政府部门加大了对海南省第三产业的扶持力度。旅游业是海南省的重要产业，在相关部门的引领下，旅游市场秩序较为完善，全年旅游收入可观。随着康养旅游的提出，海南省旅游行业开始重视对现有产业的整合，从而提高当前旅游业整体质量，为海南省康养旅游发展创造有利条件。目前，政府相关部门也越发重视对现有资源的配置，加强交通建设管理，为游客提供便利的出游条件。

二、现存问题

（一）康养专业人才极为欠缺，从业人员素质普遍不高

作为服务产业的康养旅游产业，未来在海南的发展不仅要依靠天然优势，而且要需要优秀人才的支持。虽然目前海南省有政府的大力支持，并且提出了“百万人才进海南”计划，但留不住人才仍然是海南省面临的重要问题。人才是第一生产力，人才的专业性不高是海南省发展康养旅游的一大阻碍，海南省对专业人才的需求远高于市场的供给，加上地理和历史

的限制，海南省自身的科教文化水平不高，无法迅速为市场培养出合适的专业人才来支撑康养产业的发展。

（二）产品体系尚不完善

目前海南的康养旅游产品较为单一，产品之间的关联性较差，且产品之间没有较大的差异，缺乏产品特色，少有产品涉及海南独特的民俗文化资源开发，远未形成一个完善的产品体系。此外，海南省康养旅游处于初步发展阶段，无论是产品的品质还是服务都有所欠缺，未来海南省在发展康养旅游产业方面需要更努力，由“观光旅游”转向“休闲度假旅游”进而向“康养旅游”转变的发展还需要建立更为完善的产品体系。

（三）康养旅游的宣传力度还有待加强

度假旅游及滨海旅游一直是海南省发展的旅游模式，使得其在消费者心中已经形成了根深蒂固的印象。加上海南省康养旅游处于初步发展阶段，无论是消费者还是居民的认可度都不高，未来康养市场的竞争力还未得到政府和群众的足够重视。此外，海南省的主要竞争市场还是度假旅游市场，度假旅游市场形成了较为成熟的产业结构，相较于度假旅游市场，康养旅游产业结构、宣传力度都有待完善，未来的发展目标是形成全省的产品统一开发。对比国内外成熟的康养旅游目的地，海南省康养旅游的品牌竞争力较弱，品牌形象不鲜明。最重要的是，目前已有的康养旅游产品大多依赖消费者间的口碑效应，没有真正规模化的宣传团队，因此整体的宣传效果较差。

（四）缺乏整体规划设计

政策法规反映了海南省对康养旅游发展的重视和政策偏向，“十三五”期间，康养旅游产业在海南省旅游战略中占有一席之地。海南省各级政府频繁发布指导方针、实施计划、政策和法规，为加快发展健康、医疗、老年护理和其他健康护理行业提供指导和支持，但顶层设计的行业仍然需要改进，规划、开发、产品设计、产品推广等方面存在不利因素。例如，在医疗康养方面，医疗政策无法与海南省商业康复医院对接，政策红利的释放被行业壁垒限制。

三、构建思路

构建匹配国际旅游消费中心地位，推动海南康养旅游示范地区建设。立足于海南康养旅游发展现状，充分利用本地康养旅游资源，不断更新康养旅游的主题内涵，进一步扩大康养旅游面向的人群，推动海南康养旅游朝着更加多元化的方向发展。

四、发展定位

海南省要结合自身发展，建立各具特色、不同模式的康养旅游企业，打造丰富多样的康养旅游产品，将海南建设成高端旅游目的地、智慧健康生态岛和健康产业强省。

五、发展思路

海南拥有丰富的自然资源和怡人的生态环境，有独一无二的绿水青山和碧海蓝天。海南省正站在挑战与机遇的交叉点，所以如何迎接挑战把握机遇是当前的重中之重，海南省要利用好当地得天独厚的优势及资源，将海南省康养旅游产业打造成支柱产业；丰富康养旅游业态发展，将海南省打造成全球高端康养旅游目的地。

六、战略举措

（一）培养、引进专业人才

专业人才是康养旅游发展的重要支持力量，首先，充分利用好高校的人才力量，将海南省高校人才留住，并且要加大这方面的科研力度，产出更多的优秀科研成果，为海南省康养旅游产业提供理论支持，保证有高质量的科研成果指导产业发展。其次，学会向高质量、成熟的国外康养产业学习，学习其先进的理论和实践经验，结合海南省本地特色，融合发展；积极参与国际康养产业活动，进行深度交流学习。最后，形成行业进入性门槛，加强人员的专业培训，目的是全面提高从业人员的专业素养，形成行业规范，只有充分利用好人才政策、吸引和留住人才，才能让更多的高端人士投资海南康养旅游产业。

（二）树立品牌形象，强化市场营销

海南无论在地理位置方面还是自然资源方面都具有无与伦比的康养产业发展优势，但受制于品牌营销手段的单一，海南康养旅游产业的发展一直不温不火。21 世纪，科学技术得到了空前的发展，海南应当紧跟时代潮流，加大海南省康养旅游的宣传力度，让更多的消费群体及潜在消费者认识和了解海南康养产业，并产生购买意愿，将海南省康养产业打造成一流产业、一流品牌。此外，海南省应当结合当地特色开发建设康养基地，形成具有本地特色的旅游资源。例如，利用气候治疗、绿色食品、南药等特色资源，最终形成鲜明的品牌，进而促进海南省康养旅游目的地的市场发展。

（三）政府要进一步统筹发展康养旅游

康养旅游要有完善的制度政策及政府的大力支持才能发展得更加长远，作为一项海南省朝阳产业，需要全方位的促进和支持才能赢得稳定的市场地位，但由于康养产业涉及多个领域，更需要重视部门间的权力和责任，避免“互相推诿”的局面。无论是政府还是居民都应该协同努力，政府部门应当明确康养产业的相关政策和法律法规，做到落实并切实实施。政府更应该协同海南省居民和景区打造具有影响力的康养产业。

（四）加强顶层设计，统筹规划全局

海南康养旅游的发展必须规范。其中政府要充分发挥作用，严格把控整体发展和规划，建立、健全制度规范，推动企业的协同发展，逐渐形成市场的规范化和标准化。一是应该加强行业顶层设计，打造行业标杆。在“生态建省”的战略目标下，任何的旅游发展和资源开发都应考虑环境保护问题和未来的可持续发展；二是应进一步完善行业法律法规，为了实现海南省康养旅游的规范化发展，政府应承担行业监管的重要责任；三是应调动游客的积极性，引导其为旅游环境的可持续发展做出应有的努力，消费者的行为对旅游资源的保护有着很重要的影响。

第八章　商——商务会展构建会展经济高地

随着海南自由贸易港建设进程不断深入，岛内的设施建设不断完善，交通环境趋好，加上酒店的多元化、高品质发展，海南省的会展业目前初步形成了“博鳌会议、海口会展、三亚会奖”的格局。海南会展经济的发展目标有所转变，由数量目标转向质量目标，随着会展业的快速发展，保证会展的质量也是不容忽视的。此外，要注重会展人才的培养，会展专业素质人才的引进为其发展提供了保障，会展的规格越来越高，具有了一定的影响力，现已逐步形成专业化、规范化的发展趋势，海南省会展旅游行业的高速发展在全国遥遥领先。

一、发展现状

（一）海南会展旅游的缘起

1988 年海南建立省办特区时，提出了把旅游业作为支柱型产业的目标，海南的旅游经济收入为海南整体经济贡献了巨大力量。会展业在海南从 2000 年才开始发展，至今，会展业的日益壮大也促进了海南省经济发展。近年来，旅游业与会展业结合发展，协同作用达到了“1+1>2”的效果。海口是海南省的省会，其政治、经济、文化都处于快速发展阶段，拥有较为完善的基础设施。此外，三亚优质的自然资源和气候环境吸引了大量游客前来，除了休闲娱乐外，还有以商务旅游和企业年会为出游目的游客，现三亚也确定了其知名会展旅游地的战略定位。突出代表是博鳌亚洲论坛，它不仅是琼海的金字招牌，而且是海南的金字招牌。会展旅游的发展不仅提高了海南的国际知名度，而且打开了国际会展旅游的发展市场，其先天的优势及后天的大力发展使海南省成为目前高质量会展旅游目的地。

（二）海南会展旅游的发展概况

如今，会展业愈加被海南省各级政府重视，而在 2016 年海南省“十三五”规划的重点产业也提到了会展业，发展至今整个行业呈现出稳步上升的趋势。其具体表现在：会展经济效益的增加，会展产业结构在发展中改进，会展的数量、规模增加。据海南省商务厅统计，2016—2018 年，海南省会展业接待过夜游客增加了约 600 万人次，会展业接待过夜游客占全省旅游业接待过夜游客总数的比例由 2016 年的 26.3%增加到了 2018 年的 32.5%。2018 年，全省举办超过百人和超过千人的会议都有所增加，百人会议同比增长 14.2%，约 2 万场；会展行业的收入达到 200 亿元，同比增长 19.7%。2020 年，受新冠肺炎疫情影响，海南会展经济在行业大复苏的背景下呈现稳步发展的态势。到 2020 年第三季度，海南会展业实现增加值 37.7 亿元，综合收入达 129.4 亿元。其中，无论是会议服务和展览服务的直接收入，还是会展业的间接收入都相比之前有显著提高，接待参展及相关人员的人数和参展人员在海南平均停留时间都有所增加。会展项目品牌效应凸显（见图 4-15）。截至 2020 年 9 月，海南省举办了许多重要展会，如 2020 年举办的世界新能源汽车大会、中国绿色公司年会、中国健康产业生态会议及新能源车展等。高速发展的会展业不仅大大促进了旅游业的发展，而且对海南省的其他相关产业也有间接带动作用，间接带动了 113.04 亿元的收入，且在会展业的推动下系数达到了 7.9，进一步振兴了相关产业。

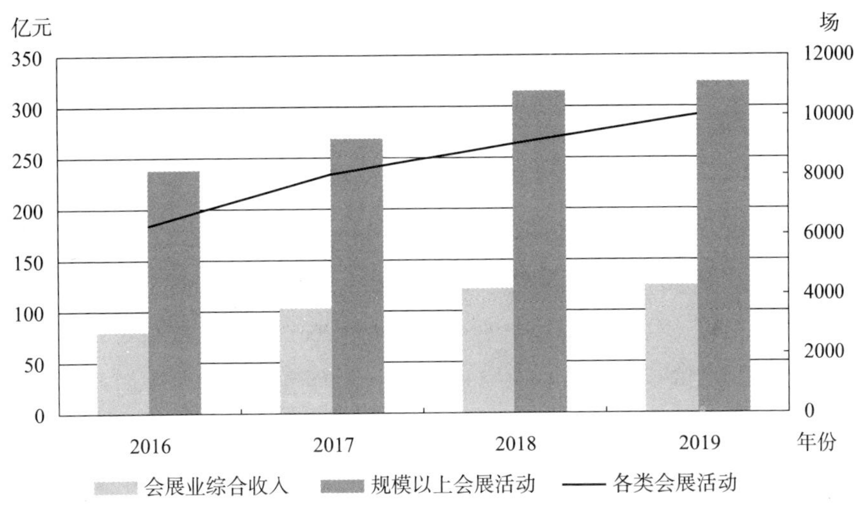

图 4-15　2016—2019 年海南省会展业发展情况

二、现存问题

（一）会展业与旅游业融合发展依托的基础设施不完善

虽然目前海南会展业正快速发展，但是现存的交通设施不完善，交通承载量无法承受短时间内的大规模车辆，当大量人群涌进场馆时，海南省的交通管理会面对很大压力，这是目前旅游业和会展业融合需要改进的基础设施之一。此外，大部分场馆的场地远离市中心，目前还处于城市发展后期。展馆附近能提供的酒店和餐饮数量较有限、展馆餐饮规格较低、住宿费用较高，这都反映了基础服务设施不够完善的问题。交通疏散能力是游客考量展馆的重要标准，但目前疏散能力较差，导致游客前往展馆的时间成本较高，对游客的体验造成了一定程度的阻碍。

（二）会展业与旅游业融合发展缺少统一独立的管理机构

目前，海南省旅游发展由海南省文化旅游广电体育厅负责，没有专门负责会展业发展和管理的独立机构。现在的部门管理状况为现有的部门部分管理，缺乏整体性的管理，导致在组织会展活动时出现了较明显的随意性和缺乏一定自律性等问题，在举办会展活动时缺乏整体规划与设计，在品牌形成、法律监督、展会布局等方面都有较大的改进空间，这些都在一定程度上限制了会展业和旅游业的融合发展。

（三）会展企业与旅游企业联动不充分，融合效果不显著

由于会展企业和旅游企业各自的定位目标、管理方法、产业定位不一致，两者之间难以实现深入的联动配合。在会展企业、旅游企业、会展局或文旅局的推广宣传中，会展企业和旅游企业都未能充分挖掘对方的优势和潜力，将对方的优势融入自身发展。例如，海南特色旅游资源是旅游业的金字招牌，但会展企业在宣传推广会展活动时没有充分利用其优势。会展活动未能充分利用结合旅游业的旅游六要素信息，两者在吸引游客和开拓市场方面都未能达到最佳效果。

（四）会展业与旅游业融合发展缺少复合型人才

复合型人才是促进会展业与旅游业融合发展的动力源泉，但由于海南省人才引进较少，同时精通会展业和旅游业的人才更是匮乏，由于同时精通两者对专业人才的要求高，所以如今对在旅游与会展方面都有研究的复合型专业人才极为渴求。当下虽然有 17 所海南本、专科学校开设了旅游管理专业，但只有 4 所高校开设了会展专业，且全部是本科专业，专科高校暂未开设此专业。海南省现有人才的专业背景单一，大多数人才只涉及自身所学习的单一领域，对其他领域了解有限，思想也有局限性，导致海南省会展旅游活动缺乏专业性。

三、构建思路

全力推进会展业与旅游业的融合发展，构建以海口、三亚、博鳌为核心，其他市县联动发展的新会展经济格局，为了使海南会展产业朝着国际化、专业化和品牌化的方向发展，在以海南 12 个重点产业为基础的情况下，可以通过“会展+体育运动”“会展+医疗健康产业”“会展+热带高效农业”“会展+旅游”等实现，加快其他重点产业与会展业的融合发展。

四、发展定位

打造国内外知名会展品牌，通过向国内外优秀会展机构学习，创新会展龙头企业，建立完备功能配套、完善会展设施体系，建立健全市场规范制度，打造专业化和国际化的会展旅游产业经济体系，力争打造结构优化、布局合理、区域联动、绿色生态的国际会展经济高地。

五、发展思路

按照“以会促展、以展促旅”的原则，围绕建设海南自由贸易港的目标，积极响应国家“一带一路”倡议，发挥海南省自身优势，特别是海南的“生态立省、经济特区、国际旅游岛”三大定位，积极建立创新协同发展的模式，形成“企业主体、市场运作和政府推动”的会展发展目标。坚持机制创新与体制创新，形成展览、会议、培训一体化发展。培育国际专业品牌展会，积极学习并引进国内外先进的协会、会议和企业。政府也应加大会展业政策扶持，发展会奖旅游，从互联网产业、健康医疗等方面大力促进会展业的发展。

六、战略举措

（一）依托特色资源和优势产业，培育会展本土品牌

积极承办各类大型会议，大力发展旅游业。充分发挥博鳌亚洲论坛年会作用，举办相关产业分论坛。全力促进发展会展旅游，目标为让国内外高水平企业、全国协会、上市公司等在海南举办会议。通过选择优秀的协作伙伴，以多种形式聚集社会资源，联合会展平台，围绕海南自由贸易港战略定位，充分挖掘海南省的自身优势，将本土优势和未来品牌发展深度融合，将海南省本土的海洋旅游、健康医养、免税购物旅游等地方特色作为本土品牌发展的重要资源，着重打造一批本土化的知名展会。

（二）加强会展硬件设施建设，提高会展承载能力

在充分考虑全省会展业发展特点的前提下，提出可持续发展的目标，

遵循适度超前原则，力求长远发展，科学规划布局全省范围内以海口、三亚、琼海为核心，其他市县为点状来建设国际现代化会展中心的空间发展格局。充分利用各类可用空间资源，如产业园区、城市综合商业体、大型专业批发市场、城市公园和广场、文化馆等，最终建设特色鲜明、具有吸引力的展示区。展区的发展是主要发展方向，但会展周边基础设施也要跟上发展节奏，做到同步建设，如交通、酒店、餐饮和娱乐等设施建设。最后完善银行、保险、海关、会展客运专线等配套设施建设。

（三）培育会展主体，提高会展企业竞争力

为了让海南会展业快速崛起和转型，应充分利用国有资本的主导作用，加强会展业基础设施、展会引进和品牌培育等的建设。支持单位、媒体、社会团体，设立会展公司、举办展览。依托自由贸易港建设的政策优势，发挥自身魅力，吸引国内外优秀会展公司和协会来海南举办展会。鼓励当地会展企业通过合资经营，与国际会展公司合作联合举办展会，打造国际品牌展会，提升展会水平。建立会展业资质评估制度，对主办单位和企业进行资质评估和等级评估，成立会展业专家委员会，对企业和办展单位进行分级管理，实行信用等级制度。

（四）加强会展业的营销和国内外交流

全省招商引资工作的重点是引进高端会展项目、国内外会展公司，通过重点城市、海内外游客和招商平台宣传推广，在一线城市等设立办事处，对重点客户进行点对点招商、一对一服务，加强展会环境和项目营销。对会展项目给予优惠政策。例如，通过电视、广播、网站进行宣传并给予优惠，通过电子宣传册、互联网宣传等加强海南会展业的推广。建立与会展业产业相关的新闻发布制度，加强展会信息发布，积极对外宣传。为吸引更多国内外企业来海南办展，可通过连接国际专业展会网站的方式提供展会信息和招展动态。

第五篇

创新篇

2021 年 1 月 28 日，海南省六届人大四次会议审议通过《海南省国民经济和社会发展第十四个五年规划和二〇三五年远景目标纲要》（以下简称《规划纲要》）。《规划纲要》是“十四五”期间海南省经济社会发展的宏伟蓝图，是落实《海南自由贸易港建设总体方案》的具体指导，是建设国际旅游消费中心的有力保障，是全省人民共同奋斗的行动纲领，是政府履行职责的重要依据。

《规划纲要》提出，海南力争到 2025 年基本建成国际旅游消费中心，在“十四五”期间，海南将继续坚持把全省作为一个大景区来谋划布局建设，加强旅游供给侧结构性改革，促进旅游消费提质升级，努力形成“处处有旅游、行行加旅游”的全域旅游新格局；始终坚持特色化、国际化、高端化、全域化、标准化、智能化的发展理念，推动旅游业高质量发展，积极发展旅游消费新热点、新业态，形成以海洋旅游、购物旅游、康养旅游、生态旅游、会展旅游为主，多种旅游形式聚集的全业态旅游消费模式；不断拓展旅游消费空间，持续创建并串联更高等级、更有特色的景区景点，完善公共设施配套，力争打造国内外知名的特色全域旅游示范省，为不断创新丰富品质消费 3.0 时代的内涵提供鲜活动力。

2018 年 12 月 28 日，国家发展改革委印发了《海南省建设国际旅游消费中心的实施方案》（以下简称《实施方案》），提出了一系列推动海南省建设发展国际旅游消费中心的重要举措，定下了未来发展目标及创新方向（见表 5-1）。鉴于此，罗列出以下四大方面的创新总结，清晰地阐述海南自由贸易港及国际旅游消费中心的发展潜力和阶段性建设成果。

表 5-1 《实施方案》主要目标

主要目标	年份	主要目标
	2020	国际旅游消费中心建设取得重要进展
	2025	国际旅游消费中心基本建成
	2035	成为具有全球影响力的旅游消费目的地
到 21 世纪中叶，国际旅游消费中心的知名度和美誉度显著提升，成为全球旅游消费时尚潮流的引领者、世界知名的旅游度假和购物天堂，成为展示中国风范、中国气派、中国形象的靓丽名片		

同时，为明确《实施方案》重要指示，以下对其关键词（“创新方向”、“战略定位”和“主要目标”）进行了梳理（见图 5-1）。

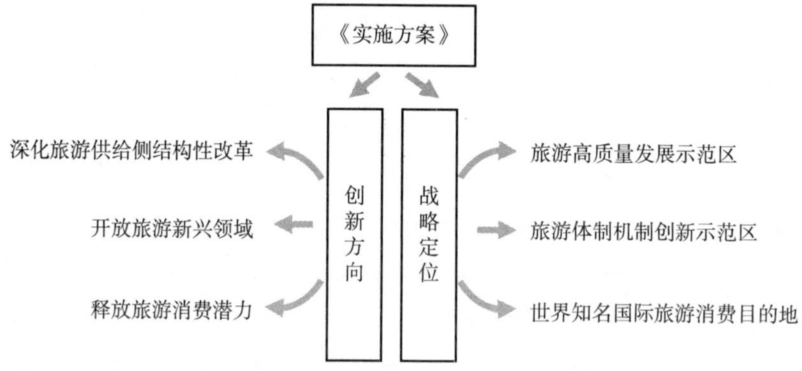

图 5-1 《实施方案》重点内容示意

第一章　持续拓展国际旅游消费空间

海南基于其地理优势，具有特色旅游资源，能否实施更加开放的政策促使旅游业转型升级是提升旅游消费供给水平，推进全球智慧国际消费区、免税购物中心、时尚消费中心建设，完善旅游住宿餐饮消费环境，不断探索消费型经济发展的新路径，对海南建设成为具有世界影响力的旅游消费目的地起着关键作用。

一、打造高品质消费“双中心”

在高质量发展要求下，海南逐步推进国际旅游消费中心的建设。顺应群众需求，海南将高标准、严要求建设时尚消费中心和全球免税购物中心。为了更加开放便利的离岛免税政策的实施，需要创新监管模式、不断打造新型消费场景，在一定范围内提高离岛免税限额，丰富免税商品的品类；增加提货模式，争取覆盖通过不同交通方式离岛旅客；在具有一定消费规模及安全设施条件的地区增设免税店。建设知名品牌消费中心和集时尚高端消费品发布、定制及展示于一体的时尚高端消费品设计展示交易中心，吸引各大机构在海南设立总部，从而带动产品消费，满足高端个性消费需求，将其建设成为世界知名品牌区域消费中心（见图 5-2）。

图 5-2　高品质消费“双中心”示意

二、丰富国际旅游产品供给

海南将持续引进国际国内知名酒店、主题公园、餐饮、文体娱乐品牌运营商入驻，集中打造国际化旅游园区，提升节庆赛事活动国际影响力及国际游客通达便捷化水平，推动签证便利化，尤其是加快开通、加密直达全球主要客源市场的国际航线、航班，按需争取境外航线、航班时刻。

海南在建设国际航空枢纽方面不断创新升级，为国际旅游产品供给提供强力保障。截至2020年底，我国共有241个境内运输机场（不含香港、澳门和台湾地区），包含81个国际航空枢纽。受新冠肺炎疫情影响，我国2020年的机场旅客数为85715.9万人次，同比下降36.6%；货邮总数为1607.5万吨，同比下降6.0%；飞机起降共计904.9万架次，同比下降22.4%（其中运输架次为745.8万架次，比2019年下降24.4%）。突如其来的新冠肺炎疫情虽然给海南也带来较大影响，但是海南通过严格管控将伤害降到了最低，并不断保持突破。2020年，海南三大国际机场（琼海博鳌机场、三亚凤凰国际机场、海口美兰机场）全年共运送游客3247万人次、航班起降24万架次、货邮吞吐量40.4万吨，在新冠肺炎疫情期间生产运输指标屡创新高，并在全国民航运输中排名领先（见表5-2）。

表5-2　国内主要国际航空枢纽运营情况

机场名称	机场等级	旅客吞吐量		货运吞吐量		起降架次	
		数量/万人次	排名	数量/吨	排名	数量/万架次	排名
广州/白云	4F	4376	1	1759281	2	37	1
成都/双流	4F	4074	2	618528	7	31	4
深圳/宝安	4F	3792	3	1398783	3	32	3
重庆/江北	4F	3494	4	411240	8	27	6
北京/首都	4F	3451	5	1210441	4	29	5
昆明/长水	4F	3299	6	324990	12	27	7
上海/虹桥	4E	3117	7	338557	11	22	10
西安/咸阳	4F	3107	8	376311	10	26	8

续表

机场名称	机场等级	旅客吞吐量		货运吞吐量		起降架次	
		数量/万人次	排名	数量/吨	排名	数量/万架次	排名
上海/浦东	4F	3048	9	3686627	1	33	2
杭州/萧山	4F	2822	10	802049	5	24	9
郑州/新郑	4F	2141	11	639413	6	18	14
南京/禄口	4F	1991	12	389362	9	18	11
长沙/黄花	4E	1922	13	192018	15	16	15
厦门/高崎	4E	1671	14	278336	13	14	16
贵阳/龙洞堡	4E	1658	15	113452	27	13	17
海口/美兰	4E	1649	16	134718	22	13	19
北京/大兴	4F	1609	17	77253	35	13	18
三亚/凤凰	4E	1541	18	79934	33	11	25
青岛/流亭	4E	1456	19	206786	14	13	20
哈尔滨/太平	4E	1351	20	112052	28	11	24
琼海/博鳌	口岸机场	56.2	116	553.6	137	1.2	109

资料来源：《2020年民航机场生产统计公报》。

在海南建设过程中为了提升国际旅游产品供给，加速开发海岛旅游、低空旅游、游艇旅游及邮轮旅游也是工作重点。

在拓展邮轮旅游方面，实施15天免签的入境旅游，推动“海上丝绸之路”沿线旅游邮轮合作，与周边国家开通邮轮旅游航线并与各国邮轮公司达成合作，将海南纳入国际旅游“一程多站”航线；优化邮轮、游艇卫生监管体系；促进三亚建设邮轮母港；建设高质量、高标准、高水平的国际邮轮和入境旅游业。

在发展游艇旅游方面，放宽游艇旅游监管制度，适当降低游艇入境要求，简化入境流程，拓宽游艇租赁业务，完善游艇监督管理机制，对于境外游艇的管理，应探索实施游览水域负面清单管理方式，加速研究将游艇户口簿管理改为备案管理的方案；对海南自驾游、进境游艇实施免担保政策，为游艇通关提供便利，为全球游客驾乘游艇赴海南旅游的便利度保驾护航。

在开拓发展低空旅游和海岛旅游方面，海南要加强低空空域管理服务保障力度，加快构建通用航空产业链，不断寻找可以发展通航观光和航空运动集聚区；不断完善通用航空示范区及机场体系，促进通用航空产业发展；有序推动西沙旅游资源的开发，将海岛特色旅游逐步放开，促进国际旅游产品供给全方面提质升级和可持续发展（见图 5-3）。

图 5-3　国际旅游产品供给要素示意

三、营造优质旅游消费环境

为营造优质旅游消费环境，海南多举措、多方位深化旅游消费市场监管体制机制改革，成效初显。2020 年，海南省市场监督管理、综合行政执法部门共接收社会公众投诉举报 90636 件，查处了一批违法行为，挽回消费者 2817.07 万元的直接经济损失；各类被立案查处的扰乱市场秩序的案件 3219 宗，罚没 1.7 亿元。同时，海南省市场监管局还公布了 2020 年消费欺诈 9 个典型案例（数据来源于《海南日报》）。市场监管部门对违法生产经营行为进行严管重罚，有力震慑了不良生产者、经营者，对维护消费者权益、净化消费市场、提升消费者信心发挥了重要作用。同时不断提升综合执法水平，建立完善“云监管”平台，加强旅游消费品生产源头管理，建立旅游诚信系统，严厉打击扰乱旅游市场秩序等违法违规行为，完善旅游消费投诉反馈机制，将提高国内外游客旅游消费满意度作为高质量旅游消费环境工作的重中之重。

2020 年 3 月，为提升消费品牌、完善消费环境、聚集优质消费资源，海南出台六大工程 22 项措施，其中包括组织实施放心消费创建工程、维权能力提升工程、消费信心提升工程等；为优化离岛免税购物环境，充分发挥自由贸易港政策优势，海南离岛免税店增加到9家，并提供邮寄送达等一系列优化消费环境的有力举措，吸引了众多市民游客。同时，不断丰富消费者体验度，增强客户黏性，有力促进海外消费回流，把“海南购”招牌擦得越来越亮，真正优质的旅游消费环境正在形成，持续为自由贸易港建设增添新动能、新活力。

四、培育旅游消费新型业态

基于习近平总书记“4·13”重要讲话，海南致力于旅游消费新热点和新业态的发展，促进旅游消费转型升级。2019年，海南旅游总收入达千亿元。2020年3月，为了进一步促进旅游经济复苏，自新冠肺炎疫情后，海南相继出台了30条振兴旅游业的措施，更深层次地培育旅游消费新业态，释放旅游消费潜力，全力建设国际旅游消费胜地。其中，会展节庆旅游、文化旅游、康养旅游、体育旅游及全域旅游相关工作不断取得突破，为自由贸易港建设再添亮点、热点、新点。

在加强康养旅游消费方面，海南充分利用冷泉、温泉、南药、黎药及森林等资源，全面贯彻落实博鳌乐城国际医疗旅游先行区政策，引进博鳌超级医院等一批先进的医疗及医养结合机构，为创建国际级康养旅游示范基地、促进康养旅游发展不断努力。

在提升文化旅游消费方面，海南将通过创新数字阅读、数字艺术、网络文化、动漫游戏、知识产权交易等消费新业态来实现资源整合，挖掘文化内涵，突出特色主题的创新型“文化+旅游”发展路径；将具有中国特色的影视、动漫、游戏、软件等产业版权向境外输出；充分利用优势资源建设一批集特色、文化和休闲功能于一体的小型博物馆、图书馆、文化馆、非遗馆等公共文化设施；鼓励支持文物拍卖业务、特色文化创意产品开发；持续放开外资设立在本省经营的演出经纪机构。此外，在国家批准落地后允许境外电视频道由各旅游酒店接收，为“文化+旅游”提供支撑与平台。

在发展会展节庆旅游消费方面，作为海南省节庆旅游重要组成部分的经典乡村旅游节已成功举办了七届，始终坚持“节促展、展促节”，打造海南乡村旅游文化节浓厚的节日氛围，展示海南农村的风土人情，提高文化的知名度和影响力，促进农村产业结构调整，增加农民的就业收入。发展会展节庆旅游将成为乡村振兴战略的重点，希望通过文化节展示海南现代休闲农业资源，推动海南“旅游+农业”一体化发展新模式。重点打造海口、三亚、琼海国际会展集聚区，高水平、高保障建设一批国际化的会展设施，举办高质量大型国际展览会和世界级节事活动，将海南世界休闲旅游博览会、海南国际旅游岛欢乐节、海南国际旅游美食展做大做强，多方位展现海南节庆文化风采。

在扩大体育旅游消费方面，海南将加快旅游产品、产业、文化、健康、体育等元素的融合，着力打造体育旅游经济一体化发展体系，更加注重企业家高端市场、亲子市场及老年市场，促进海南全民参与体育旅游，积极建设全国体育旅游示范区，全面推进体育与旅游产业融合发展。加快区域体育旅游产品的创意开发，依托海南优质资源，开发新型旅游活动项目，促进区域体育旅游的发展。开发全季体育旅游产品，合理安排各类体育赛事（活动）的举办时间，缩小冬夏季体育赛事（活动）的间隔。这些都是不断探索体育旅游和融体于旅的路径，为体育旅游示范项目提供支持的重要举措。同时，沙滩运动、水上运动、摩托车运动、航空运动、户外运动等日益普及的体育项目将进一步升级和发展。适当放宽参与运动船艇、飞行器、汽车、摩托车的入境限制，并积极开展活动展览、运动训练及休闲体验。“体育+旅游”的亮点将是建设一批世界一流的体育训练和比赛基地、体育休闲度假小镇，培育沿海休闲体育消费市场，探索发展体育竞猜彩票和大型国际赛事即开彩票相关产业。

在加快发展全域旅游方面，大力推进“旅游+”“+旅游”多路径、多模式发展，推动旅游与其他产业的融合，如创新开发、生产融合、多产融合，创造各种旅游新业态（见图 5-4）、创新体验、创意产品、定制产品等旅游新产品；大力推进“美丽海南百镇千村”工程，建设美丽宜居村、特色小镇、旅游小镇，建设航天、海洋等不同主题的公园、游乐园及高端化、国际化的大型旅游综合体，打造一批精品旅游景区和旅游度假区；支持在海南开展各类主题与形式的研学旅行。在全球旅游业发展的同时也要实现海南旅游产业转型升级，促进供给侧结构性改革，是国家级的旅游产业发展战略和定位，旅游既是适应新标准、培养新动能的策略，更是作为培育创新创业、助力脱贫、改善民生的重要渠道。与此同时，全域旅游的发展也进一步推动了旅游产品供给侧结构性改革，推动了“旅游热”从局地向全域的蔓延，让海内外游客感受到了海南的多彩。

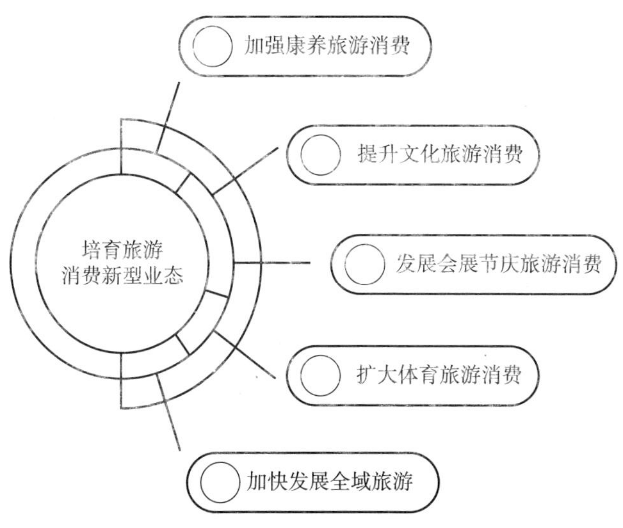

图 5-4　旅游消费新型业态示意

第二章　不断提升国际旅游消费质量

精准对标国际知名旅游消费胜地，建设高标准大型消费商圈，实现消费生态体系“互联网+”“+互联网”，提高多元化、多层次“吃、住、行、游、娱、购”供给水平，多措并举，将海南打造成世界美食中心，为满足国内外游客对舒适、安全、便捷、诚信的旅游消费环境的需求，海南要加快旅游消费市场监管体系建设，加强旅游公共服务设施配套，加快创新旅游诚信体系和消费者权益保障体系。

一、打造智慧型国际旅游消费集聚区

海南以打造国际旅游消费中心为目标，建立了 1 个智慧商圈、6 个智慧店铺，并启动了海口市高档步行街建设，确保海南消费势头持续增强。全省社会消费品零售总额达 1717.1 亿元，同比增长 6.8%（数据来源于《海南日报》）。2019 年，海南着力推进布局规范、具有国际影响力的大型消费商圈建设，特别是高档步行街建设。为此，各市县商务部门围绕社会消费品零售总额增长 10%的目标，开展了多次具有针对性的消费促进活动。在以后的发展中，以完善“互联网+”消费生态体系为阶段性发展目标，海南省将加快共享服务平台的建立，加强新一代信息技术的应用，发展“智能商店”，打造实体零售和网络零售融合发展的“智慧商圈”，加强与国内外电商的战略合作，提高跨境电商运用技术的标准，优化通关流程和监管模式，打造“线上融合、跨境贸易、综合服务”的跨境电商交易服务中心，为建设智慧型国际旅游消费集聚区提供支持与保障（见图 5-5）。

图 5-5　国际旅游消费集聚区示意

二、拓展多层次的住宿餐饮消费空间

据统计，截至 2017 年末，海南共开设 32444 家经济型酒店，2009738 间客房，客房同比增长 9.95%；开设 3519 家中端酒店，403337 间客房，客房同比增长 31.43%。要使品牌酒店在不同细分市场中更具差异化，根据各大酒店品牌的定价和市场综合表现，首旅京伦、和颐酒店、亚朵酒店、桔子水晶、锦江都城等中端品牌酒店被纳入高端（四星级）酒店范畴。2017 年全年共有 404 家在营业酒店，客房共计 52012 间，中端酒店规模呈增长趋势。国内精品酒店的市场规模较小，远不及国内外高端酒店市场和“黄金十年”中快速扩张的国内经济连锁酒店，但在品牌扩张上仍需谨慎。

我国推行黄金周和带薪休假制度，更多中国家庭开始注重度假、享受度假。通过以分时度假的形式提前支付度假酒店的住宿费，旅游地产的一些运营商、开发商能够提前收回投资。因为受到新冠肺炎疫情的限制，人们不能在春节期间实现假期旅游计划，当新冠肺炎疫情被控制后，人们出游的意愿更加强烈，出现了一定程度的旅游人数暴增的现象，这将有益于旅游酒店行业。

《2019—2025 年中国餐饮酒店行业发展前景及投资风险预测分析报告》数据显示，2019 年住宿餐饮业营业收入超过 5 万亿元，吸纳就业人员超过 2600 万人。在 2019 年春节 7 天假期内，全国零售和餐饮业销售额为 10050 亿元（见图 5-6）。而在 2020 年春节 7 天假期内，因受新冠肺炎疫情影响，餐饮行业零售额造成的损失达 5000 亿元。但这一危局在海南得到了一定的缓解——2020 年国庆中秋节期间，作为全国热门旅游目的地，海南交出了一份亮眼的成绩单：全省旅游接待游客达453.78万人次，同比增长9.3%；实现旅游总收入66.20亿元，同比增长26.6%。高端特色酒店预定火爆，其中海棠湾酒店群预定率为73.84%，亚龙湾为81.50%、大东海为76.20%、石梅湾为79.46%、清水湾为76.69%。海南离岛免税火爆，国庆中秋假期8天销售额达10.4亿元。这一组亮眼的数据表明，无论作为旅游目的地还是免税购物地，海南都“热”不可挡。2020年8月18日，海南省政府党组书记、省长沈晓明主持召开省政府党组（扩大）会议时强调，要抓住机遇，增加消费回流的动力，发展消费新模式、新业态。境外高支付消费群体回流海南，为海南酒店业尤其是高端酒店业的发展带来良好机遇。

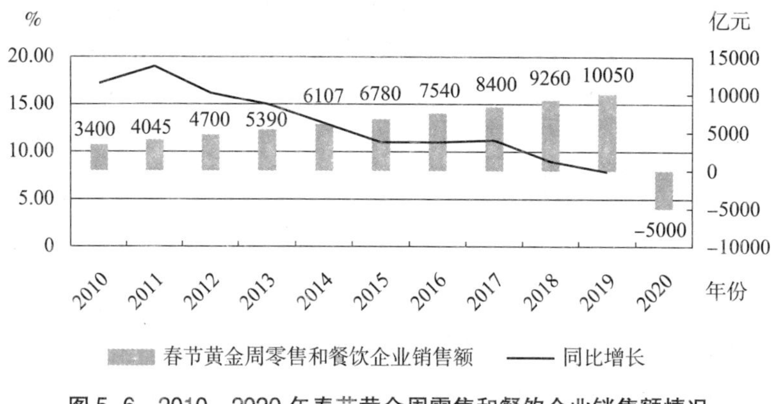

图5-6　2010—2020年春节黄金周零售和餐饮企业销售额情况

为此，海南省也在多方面下了功夫。在多样化的住宿服务体系方面，积极引进高端酒店和国内外知名品牌酒店管理，促进高档酒店品牌化、国际化、精细化发展，大力提升经济连锁酒店业务，鼓励发展各种各样的生态、文化主题酒店和特色民宿，建立闲置住房利用机制，推广标准化电子合同和住宿服务评估制度，规范分时租赁经营，有序发展“共享农场”和主题民宿，禁止以旅游开发为名变相建设房地产。同时，每日益增的游客数量为酒店业的发展提供了新动力、带来了新机遇。当下是海南大众旅游、全域旅游发展的新时期，海南住宿行业将会成为中国酒店业最受关注的市场之一。

三、营造高品质的旅游消费保障环境

推进旅游公共服务设施建设是营造高品质旅游消费保障环境的第一要义。海南省积极贯彻落实提升旅游咨询服务国际化工程，着力推动各市级旅游服务中心建设，完善外币兑换、多语种服务、医疗保障、应急救援、紧急医学救援等便利化服务体系。以自驾游、自助游旅游需求为出发点，抓紧确定市级旅游集散中心建设相关内容，包括场地、配套设施、服务内容、运营模式等，为游客提供购票、咨询、加油、租车、拼车、换乘、洗漱、休息等“一站式”服务，解决游客到了海南“怎么游”的问题，力求把旅游公共服务中的碎片化信息系统化、信息化、便利化；建设环保、卫生、实用的旅游厕所；强化旅游安全管理，提升景区对极端天气的应对能力；改善旅游交通布局，实现各种交通路线快速便捷，支持景区建设标准化房车露营基地，完善新能源汽车相关基础设施；提升公路服务区服务质量。加快环岛旅游道路建设，建设沿海景区和驿站，建设齐全的配套服务设施、智能化程度高的自驾游和慢游系统，支持环岛公路旅游发展。支持海南口岸核心能力建设，加强口岸动态管理，增强抵御公共卫生事件的能力。

加强旅游消费市场监管体系建设是营造高品质旅游消费保障环境的关键。2019 年 12 月，海南省政府出台了《海南省完善促进消费体制机制实施方案》（以下简称《消费体制机制实施方案》）。《消费体制机制实施方案》围绕国际旅游消费中心建设，重点从进一步放宽服务消费领域的市场准入、完善升级实物消费结构、加快重点领域产品和服务标准建设、建立健全消费信贷体系、优化促进消费配套保障、加强宣传推广和信息引导六大专项任务落实，积极推进消费结构优化调整，引导消费结构转型升级，不断完善旅游消费市场监管体系。《消费体制机制实施方案》提出了相应措施，如表 5-3 所示。

表 5-3 《消费体制机制实施方案》措施集合

主要问题	市场消费机制不顺、城乡消费结构不优、服务型消费产品供给不足、消费品质量和标准体系建设滞后	
建设方向	服务消费领域	涉及旅游、文化、体育、健康、养老、家政、教育培训七类服务消费领域体制机制改革的事项任务，实施更加开放的市场准入政策
	实物消费领域	进一步完善政策体系，促进住房租赁消费、汽车消费、绿色消费、信息消费、传统商贸五类实物消费领域结构升级，提高消费市场供给能力
	重点领域产品和服务标准建设方面	加强食品药品安全监管，加强消费产品和服务标准体系建设，打造具有影响力的海南品牌
	建立健全消费领域信用体系方面	完善消费领域信用信息共享共用机制，加强信用信息公开，健全守信激励和失信惩戒机制，推进消费者维权机制改革，加强重要产品质量追溯体系建设
	优化促进居民消费配套保障方面	完善有利于促进居民消费的财税支持措施，进一步提升金融服务质效，深化收入分配制度改革
	消费宣传推介和信息引导方面	加强消费领域统计监测，加强消费领域大数据应用，认真做好消费宣传引导工作
实施目的	放宽市场准入，加快破解制约居民消费的体制机制障碍，促进消费转型升级，加快营造高品质的旅游消费保障环境	

同时，海南省坚持深化旅游消费市场监管体制机制改革，提高综合执法水平，加强市场主体、商品和服务质量、商品和服务定价、消费者投诉举报、行政处罚、知识产权保护等建设，如随机测试数据集整合，以大数据为基础，建立“云监管”服务平台，成立非营利性消费者倡导小组，加强对旅游消费品生产源头的管理，建立食品、药品、儿童用品、生活用品全过程质量安全追溯体系，全面实施“双随机，一公开”监管，完善产权保护制度。严厉打击破坏旅游市场秩序和侵害消费者权益的违法行为，不断营造优质旅游消费环境。

四、加强全方位消费者权益保障体系建设

在加强旅游信用体系建设方面，通过消费者投诉列出“红黑名单”，建立奖惩机制，加强对工作人员、资金、就业保障工作的监管。推进“信

易游”相关工作，为守信单位和个人提供更便捷、优惠的旅游服务。利用旅游信用系统对景区、旅行社、宾馆、饭店、乡村旅游单位和旅游从业人员的信用信息进行记录和整合。拓宽游客获取旅游市场主体信用信息渠道，建立公众参与旅游信用监督反馈机制，支持第三方机构对旅游监管对象进行信用评价；旅游信息化要创新应用场景，建设旅游信用示范点、示范镇、示范区。

在创新构建消费者权益保障体系方面，海南省全面积极推出“区域诚信防伪标识”，多行业参与旅游消费者维权投诉处理，将设置“消费者平静期”，开展线下购物和无理由退货试点，鼓励行业协会或第三方机构设立“消费者纠纷赔偿基金”，首先要求经营者和维权制度等赔偿支付，以实现快速处理小额消费者纠纷为目标，加强政策引导和政府监管（见图 5-7）。成立由地方政府有关部门参与的“消费纠纷人民调解委员会”，着力解决并化解疑难消费纠纷，推进消费环境综合治理和社会治理，落实质量第一责任制，完善质量责任追溯链，便利消费者依法维权。

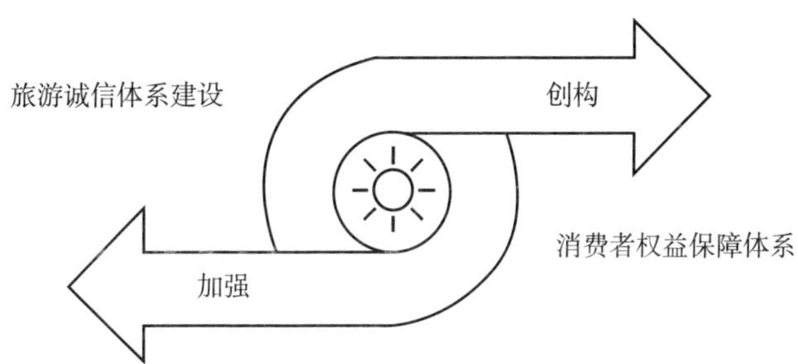

图 5-7　消费权益保障体系建设示意

第三章　全面增强旅游国际化发展水平

在建设海南自由贸易港和国际消费中心的基础上，在世界范围内引进务实的优惠政策，培育和引进国际市场主体，完善国际旅游质量标准化体系，提高国际旅游服务水平，加强海南国际旅游通道建设，提高国际旅游交通运营能力，便利海外游客入境，加快构建更加开放的人才引进机制，推动实施技能型人才培养计划，推动旅游交流合作进一步发展和旅游人力资源国际化。同时，对接国际消费理念和模式，积极拓展国际旅游营销渠道，搭建21世纪“海上丝绸之路”旅游交流平台，全面提升国际化开放水平及海南旅游的知名度和美誉度。

一、着力提升旅游市场主体国际化水平

受新冠肺炎疫情的影响，海南省新兴市场主体数量明显增加，企业投资自2020年6月1日海南自由贸易港总体规划发布后愈加活跃。截至2020年7月，全省市场主体数量突破100万户，意味着两年内海南市场主体数量增加超过44万户，增长66%（数据来源于《海南日报》）。近两年来，海南省努力营造法制化、国际化、便利化的经营环境，积极吸引国内外投资者到海南投资，抓住发展机遇，全省市场主体数量实现快速增长。市场主体的日益广泛参与为海南的建设和优质港口的发展注入了强大动力。这主要表现在三个方面。

1. 增速快——新增企业大幅度增长，利用外资表现抢眼

统计数字显示（以下数据均来源于《海南日报》），2018年和2019年，海南省市场主体数增长迅速，其中2019年新增市场主体约24.5万户，

涨幅约71%。2020年上半年，全省新增市场主体约11.0万户，涨幅约30%。其中，企业约4.6万户，涨幅约36%；个体工商户约6.4万户，涨幅约27%。根据国民经济行业类别比较，IT、金融、教育行业均增长迅速，其中IT行业同比增长469%、金融行业同比增长307%、教育行业同比增长131%。自《海南自由贸易港建设总体方案》出台后，海内外投资者迅速响应，在1个月的时间里，全省市场主体大幅度增长，超2.33万户，同比增长约52%。其中，企业超1.15万户，同比增长约152%。从国民经济行业分类来看，IT行业同比增长431.10%、教育行业同比增长204.17%、金融行业同比增长200.00%。截至2020年6月，全省市场主体超101.09万户。其中，企业超34.6万户、个体工商户超66.49万户。

海南省政府积极引进产业项目和市场主体，既能带来资本，又能促进海南发展，为国家发展贡献了巨大力量。2019年，海南省新设立外商投资企业338家，同比增长102.4%；实际使用外资15亿美元，增长率高于100%，远超全国平均增速，连续两年翻番。2020年前5个月，海南省实际使用外资3.19亿美元，同比增长146.6%；新设外资企业154家，同比实现两位数增长。

2. *活力足——名企投资踊跃，旅游市场火热*

海南发展的“两大本钱”和核心竞争力是关于旅游行业的营商环境与自然生态环境。通过举办百日大招商活动等，吸引大量资金流入海南。目前，海南省已有一大批世界500强企业、各行业龙头企业和机构（阿里巴巴、腾讯、普华永道、哈罗公学等）入驻，提高了海南的项目落地率和含金量。

在2020年4月13日召开的海南自由贸易港区建设项目集中式开工活动和签订仪式上，成功汇集签订的100个项目公司中有11家属于全球500强公司。自“4·13”项目建设开始，直到6月13日签署，海南累计有893个集中式开工建设项目，总投入达到4841亿元；累计汇集签订建设项目493个。2020年6月13日，在《海南自由贸易港建设工程项目总体实施方案》出台后的全国首次重点建设项目汇集签订活动上，成功签署了第35个建设项目。中国东方航空控股公司、携程集团公司、法国电力集团、吉祥航空股份有限公司、美团集团等著名公司及深圳市交易所、中国科学院、中国人民大学、中央民族大学等金融组织和高等院校相继携手加盟发展海南旅游业，为海南自由贸易港建设做出了贡献。

企业的反馈情况表明，海南自由贸易港的前景和改善的商业环境吸引了越来越多的投资者来到海南。除了国内外知名企业外，海南省中小企业也发展良好，个体工商户积极投资，数量迅速增加。海南省推出的“海南e登记”平台使商事主体业务登记实现了“全省通办”“无纸化申报”“一网通办”“一窗通办”“一次不跑”，这些措施的出台有助于平台进行集中批量注册、便利商业注册，激发市场活力，有助于投资者在海南省投资创业获得更大的收益及更好的体验感。

3. 发展优——产业结构持续优化，重点产业引领发展

近年来，随着海南省的第三产业中实体市场经营者的比例增加，“三、二、一”的行业布局也逐步优化。2019年海南省委七届六次全中会议明确指出“要坚持高质量发展，落实新发展理念，深化供给侧结构性改革，调优产业结构，以发展旅游业、现代服务业、高新技术产业为主导，强化创新驱动，做优做强十二个重点产业”。海南正形成以旅游业、现代服务业、高新技术产业三大产业为主导，以国家南繁科研育种基地、国家热带农业科学中心、全球动植物种质资源引进中转基地、国家深海基地南方中心、航天领域重大科技创新基地“五大平台”为支撑，以十二个重点产业为着力点的新型产业发展格局。

海南省以市场为导向，加快发展旅游业、现代服务业和高科技产业。在高技术制造业、航空航天制造与装备业中，计算机、通信等电子设备制造业、仪器仪表制造业发展迅速。现代服务业中的房地产市场运营商数量持续增长，占比较高的领域是现代住宅服务业、现代文化和旅游服务业、信息传播业、软件和信息技术服务业。

鉴于此，着力提升旅游市场主体国际化水平的重要性不言而喻。

在发展文化事业和引进国际市场等方面，海南积极引导有条件的国际旅游公司上市投资，全力推动旅游业规模化、网络化运营，并争取建立若干具备全球竞争力的国际旅游公司、专业旅行服务商和知名旅行社。海南

省政府大力支持国际旅游金融组织在海南建立分支机构，为海南国际旅游消费中心建设提供专门的旅行商品和服务。在海南登记注册的中外合资旅行社也可以开展境内外旅行活动（中国台湾地区除外），但外商直接投资旅游业必须在市场准入资格上与中国国内的主要市场一致，其包含投资比例和活动范围。同时，积极吸纳优质的国外资金与智慧资源，以国外先进理念保护与发展旅游资源，积极参与全球旅游分工和协作，在引进资金、市场研究、体育赛事、教育培训等方面与国外机构和企业开展有效协作，并采取独资、联合经营、并购重组、建立分公司等方式支持企业在海南建立国外大型经营性旅游发展实体。

在促进旅游质量向国际规范发展方面，海南的主要目标是为国际旅游服务规范提供创新基础，并建立规范的旅游管理体系与操作程序，其不但要与国际通用范例接轨，还要具备海南的特点。海南省正积极地同国际标准化组织及国内的其他标准化机构协作，以促进更多企业实施标准化质量与环境管理体系的国际认可。为了鼓励旅游相关企业实施服务管理和认证制度，海南省对已通过认证的企业给予适当奖励。

为提高旅游服务的国际化水平，海南省全力支持发展外国旅游消费专业人才，提高旅游领域的外语服务水平。为了方便来海南旅游的旅客的消费服务支付，海南省实行旅游景点在线支付，酒店和大中型购物中心提供全面的最终付款覆盖范围，改善外汇兑换。同时致力于提高国际通信服务水平，为外国游客提供更方便的通信体验（见图 5-8）。

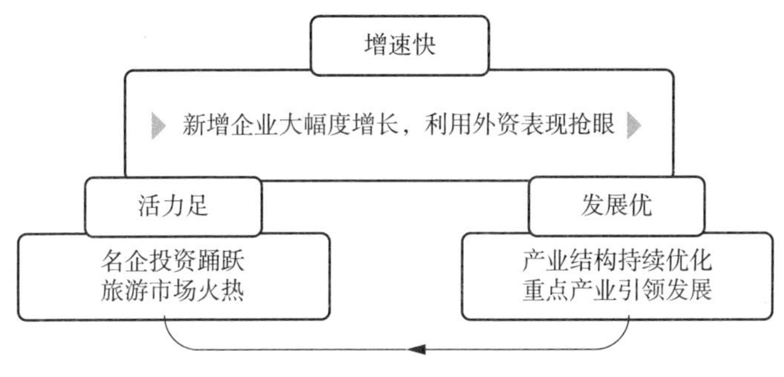

图 5-8 海南旅游国际化发展示意

二、重点提升国际游客通达便捷化水平

为了加强海南旅游走廊建设，海南省政府已着手改善海、陆、空交通基础设施，使海南成为连接“一带一路”国家的重要交通枢纽。海南省海口机场升级扩建工程加快，推动三亚、儋州、东方/五指山机场建设。不断深化空域管理改革，扩大海南省民航可用空域，优化航路，增加海外飞行时数，增加连接海南与主要客源地的国际航空公司，支持博鳌国际机场尽快建成国际港口，开通国际航线。推进高铁（含渡轮）等项目前期开发工作，优化港口资源整合，力争优化海口港和洋浦港，推进琼州海峡客流和内河港口运输一体化，加快建设岛上合理布局的公共浮动码头，完善基础设施和游艇配套设施。

海南省的重点工作之一是建设岛上旅游高速公路。海南岛周边旅游线路是一条全景旅游走廊，体现了海南岛的自然地理特征和文化特色，是《全国生态旅游发展规划（2016—2025 年）》提出的 25 条国家生态风景廊道之一。海南环岛旅游公路主线全长 1000 千米左右，计划建设 40 个驿站。公路中的驿站是一个综合性的旅游综合体，结合了“旅游服务基地、特色旅游产品、区域一体化平台”。海南将按照高工业化技术水平、高绿色等级卫生性能、高智慧应用能力、高人文主义理念、低碳排放的“五高一低”目标，努力建设富有海南特色、全球引领、经典延续的绿色生态、卫生、智能、人文、低碳驿站。表 5-4 为部分海南环岛旅游公路概况。

表 5-4　部分海南环岛旅游公路概况

名称	备注
万宁滨海旅游公路	真正地跨过山和大海，穿行在海湾之间，集中了万宁最优美的滨海景色，经过乌场渔港、神州半岛、石梅湾，山海之间，美景频现
吊罗山旅游公路	周围一片郁郁葱葱，冬日里仍然生机勃勃，车行途中，可以说是一路行程一路风景。吊罗山旅游公路是生态路、景观路、旅游路、交通路、幸福路“五路”理念的生动实践

续表

<table>
<tr><th>名称</th><th colspan="2">备注</th></tr>
<tr><td>最美东线高速</td><td colspan="2">东线北起海口，经文昌、琼海（博鳌）、万宁、陵水至三亚，全程约420千米，多沿海岸延伸。海南岛东部有较多的自然景观和文化胜迹，旅游开发比较完善。整体路况好，以平路为主，较少缓坡，在东线自驾非常轻松</td></tr>
<tr><td>如画中线高速</td><td colspan="2">中线北起海口，经屯昌、琼中、五指山、保亭到三亚。中线高速是一条“绿色”公路，满目青翠层层铺染间，平原、台地、丘陵与山地递进交错，不仅望得见山、看得见水，更能探寻到流淌在黎村苗寨里的乡土文化与民族风情</td></tr>
<tr><td>神秘西线高速</td><td colspan="2">西线北起海口，经儋州、东方、崖城到三亚，全长约450千米。其自然风光优美，是另一种热带风景，未经修饰的原始风味能让你体会到海南岛更多的民风民俗</td></tr>
<tr><td>万洋高速</td><td colspan="2">作为海南“田”字形高速公路网中的重要一“横”，万洋高速不仅使得万宁到儋州的时间由原来的4小时缩短至1.5小时，惠及沿线400万人口，而且让更多游客有了横穿海南的理由：起点位于万宁市后安镇，途经万宁、琼海、琼中、屯昌、儋州5个市县；这不仅是条生态路，而且是条景观路、旅游路，道路沿线有东坡书院、千年古盐田、黎母山、百花岭等旅游资源</td></tr>
<tr><td>琼乐高速</td><td colspan="2">主线全长129千米的琼乐高速途经五指山、鹦哥岭等自然保护区，是海南省迄今为止地形最复杂、生态最敏感、建设难度最大的一条高速公路。被称为“海南省最美的高速公路”。沿途有五指山、百花岭、鹦哥岭、尖峰岭、昌化江、南圣河等景点</td></tr>
<tr><td>文琼高速</td><td colspan="2">文琼高速公路起点位于G9812海文高速公路终点处，途经文昌市的文城镇、会文镇，进入琼海市的长坡镇、塔洋镇、泮水办事处，终点连接G98海南环线高速公路（东线高速）琼海博鳌国际机场进出场路。公路全长65.7千米，是海南“田”字形高速路网的重要补充，也是文昌与中、南部市县连接的快速通道，更是海南东线旅游通道的重要组成部分，文琼高速建成通车后标志着海南岛沿海各市县间均有高速公路连接，形成闭环</td></tr>
<tr><td rowspan="2">景区美丽公路</td><td>三亚亚龙湾路</td><td>有人说，在一千个人的眼里，有一千个亚龙湾；但在这一千个人的眼里，进入亚龙湾的路是相同的，那是一条最浪漫的路。进入亚龙湾路的榕树长廊，许多人喜欢驾车疾驰而过，感受斑驳的阳光打在挡风玻璃后急速离去；也有人会放慢车速，尽可能地感受这条浪漫之路带来的美好</td></tr>
<tr><td>三亚太阳湾路</td><td>位于亚龙湾旅游度假区内，是亚龙湾通往太阳湾柏悦度假酒店的必经之路。这条深藏在亚龙湾与太阳湾的最美海景公路，一边是山，一边是海，短短6千米，却足以感受到清静与避世</td></tr>
</table>

中国旅游业在国际范围内备受关注。除了出国旅游和国内旅游的明显

区别外，2020 年旅游业继续增长 3.8%，接待游客达 1.38 亿人次；其中外国游客共计 2815 万人次，同比增长 8.3%。2021 年 1 月中旬，大批俄罗斯游客前往三亚旅游。从 2016 年起，海南恢复和新增了 30 条境外航线，现已覆盖大部分国家和中国港澳台地区。海南入境游止跌回升，到 2020 年 11 月，海南接待入境游客量约 65 万人次，同比增长 19.45%（数据来源于途乐旅游服务信息网）。中国旅游、海南旅游热度只增不减，同时提高国际游客入境便利化水平是大势所趋。

在提升海外游客入境便利化水平方面，海南持续加速推动琼州海峡港航一体化，构建更便捷经济、安全高效的琼州海峡运输通道。总结入境旅游免签政策实施效果，调整、建设出入境安全措施，为继续扩大免签范围创造条件。

三、全面提升旅游人力资源国际化水平

海南省持续加速构建更加开放的引才机制，2018 年，人力资源和社会保障部印发了《支持海南人力资源和社会保障事业全面深化改革开放的实施意见》，从 3 个方面阐述了支持海南省全面深化人力资源和社会保障改革开放的总体要求。优先事项和就业措施包括执行优先就业战略、改善社会保障制度、实施人力资源开发战略、深化工资制度改革。支持建立更加开放的海南人才引进机制，引进和利用人才，创造人才岗位。进一步加强专业技术干部队伍建设，形成专业人才队伍，实施专业干部发展计划。不断完善人才评价激励机制，指导海南深化职称制度改革，进一步打破地域限制，对在中央单位或其他省（区、市）获得的职称予以认可。

根据海南省政府办公厅发布的《外国人来海南工作许可管理服务暂行办法》，海南将在海南工作的外国人分为外国高端人才（A 类）、外国专业人才（B 类）和其他外国人员（C 类）三类，对其实行分类服务和管理。根据该办法，海南省重点产业园区内重点企业聘请的外国专业人才（B 类），核实确认属于企业急需紧缺的，园区可为其申请办理外国高端人才工作许可（A 类），享受外国人才签证（R 字签证）便利。海南省经济社会发展急需紧缺的外国专业人才（B 类），结合自贸区（港）建设实际，

科技部门可为其办理外国高端人才工作许可（A类），享受外国人才签证（R字签证）便利。同时，海南”大力推进人才培养计划的实施，支持海南引进高质量的海外教育资源，对于高等学校学生和海外学生，该机构通过与教育机构合作，在全省实施联合审批，草案授权海南省自主审批，报教育部备案。按照国际标准支持海南大学等高等教育机构、职业学校提高外国旅游、文学和酒店业专家的技能，对在海南注册经营的有关外国企业或经济组织，实行一系列国家级的（外国）商标教育机构管理。

四、全力提升旅游对外交往合作水平

2021年3月，在柏林国际旅游展上举办了“云上”活动，为海南旅游开放了海外市场。在该展览上，海南推出形象海报，向世界推广中国特色自由贸易港文化和海南特色旅游资源，让武昌世博会的特尼基教授了解了海南的贸易政策。根据参展商的精彩图片和详细故事，放映与气候、环境、交通、海南旅游业优惠关税挂钩的影片，展示了海南沿海多样化的旅游资源，如酒店丰富、民族文化多样、体验潮湿森林、户外交通、旅游综合体等，展现海南热带风光与现代时尚相结合的特色。

为了扩大旅游服务的海外营销渠道，海南国际旅游消费中心被海南省纳入全国对外旅游宣传工作规划和年度计划。海南省计划建立对外旅游宣传机制，成立省级旅游公司，在国外主要客源市场设立旅游分公司，派驻营销代表为海南旅游举办特别促销活动。建立跨国界与地区的旅游营销网络，开展“一程多站”联合促销活动。

第四章　全力加快入境游市场发展步伐

在签证便利化、旅行商品多元化、线路与航班加密等新旅行营销的带动下，海南入境旅行市场在2019年上半年快速增长，提高了海南旅行国际化水准，促进了海南全球旅游消费中心建成。要想让外国游客走进海南，便捷的公共交通是至关重要的。从三亚到曼谷的国际航班已于2019年2月1日开通，从海口到大阪的国际航班已于同年2月28日开通，我国的主要客源市场国际航班全部覆盖将在海南实现。2019年，海南积极开通并加密了国外航班。全球航班服务网络不但涵盖了日本、韩国、中国等国家，还涵盖了英国、澳大利亚等国家，并逐步建成了“四小时、八小时、十二小时”的国际旅游圈，促进国际游客进入海南。与此同时，海南省不断创新入境旅游产品，积极提高旅游服务质量，吸引更多入境游客探索“海南故事”和“中国故事”（见图5-9）。为进一步拓展入境旅游市场，主要关注韩国旅游市场的海南高丽假日国际旅行社有限公司将扩大目标客户群，以老年游客为对象，针对老年人开发新旅游产品，其在韩国市场非常受欢迎。海南的旅游产品不断转向“外向型”。

海南省早就认识到大力发展国际旅游市场的重要性，积极组织主要客源国市场的创新发展和长期发展，积极参与各种国外广告活动，国家旅游部门及旅游度假区组织的旅游和文化事务委员会积极开展旅游和文化交流，通过与旅游原国籍的旅游机构合作，促进旅游业发展。深化主题，针对海南省的某些旅游产品与文化进行定点投资和有针对性的广告投放，以最大限度地发挥广告效果。让越来越多的国际游客选择海南，爱上海南。海南在国际旅游市场上的“存在感”和“知名度”不断提高。

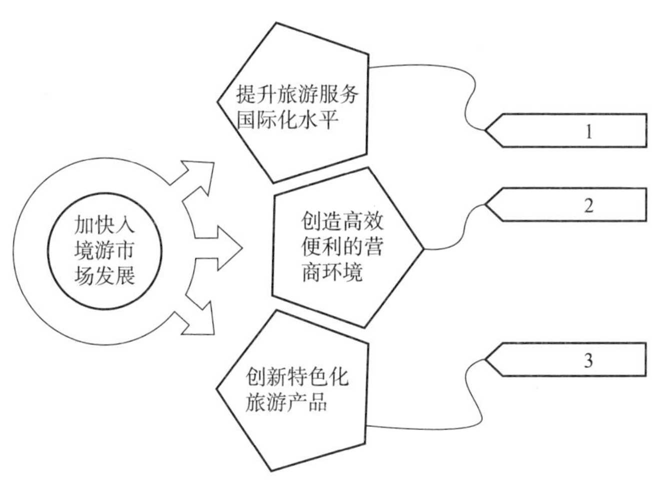

图 5-9　海南入境游市场发展示意

一、持续提升旅游服务国际化水平

随着海南省旅游产业发展环境、消费环境、市场环境的持续优化提升，对标国际高水平、高品质的旅游服务要求全面落实，以旅游消费者需求为导向，持续提升旅游服务国际化水平，从而不断提高游客满意度。同时，注重培养旅游消费领域外语人才，促进旅游外语服务水平和服务质量提升；全面提高旅游景点、游览道路、游客公共场所等的基础设施及外语提示翻译解说工作的准确率，以创造更便捷、愉快的游览环境；加快便利化入境旅客在海南开展移动支付，以实现在线支付、终端支付在旅游景点、宾馆和大中型市场的全面覆盖，进一步提升货币兑换便捷，提供充分的人性化服务。实施海外通信服务提升工程，为外国游客提供更加便捷的通信服务；加强对基本建设投入，特别注重城市基础设施交通；加强集散中心、公厕等与旅游相关的配套设施建设；确保旅游项目的安全性，将安全保险等工作落实到位，全方位提升旅游服务国际化水平。

二、坚持创造高效便利的营商环境

海南省严格评估营商环境，继续深化创业公司施工许可证管理、货物登记、税收、跨境贸易、获取信贷和执行合同等方面的改革；加快建立新的开放型经济体制，降低进入外资市场的门槛；鼓励符合报价、融资条件的旅游企业推进旅游业规模化、网络化、品牌化经营；积极引进优质国际资本和智慧资源，采用国际先进理念保护和开发旅游资源；大力支持主要国际旅游开发和管理机构通过独资、联合经营、并购、重组及设立分支机构。

为优化税收营商环境，让企业享受到更贴心的服务，海南省税务局不断推动“一网”办税工作，开展“引导办税”“直通办税”“预约办税”“容缺办税”，确保纳税人、缴费人安全办理、高效办理、优质办理，增加了“无纸化”办税项目种类，令纳税人的办税体验更加优质。与此同时，海南省税务局在涉税需求的推动下，进一步推广信息技术的应用，增加了电子税务部门的指导顾问数量和软硬件设施配置，确保电子税务部门专业领域的运作，优化纳税人的税务处理体验；以纳税人的纳税习惯为出发点，依托现有税收服务资源，优化税收服务资源配置。海南省税务局负责人表示，自电子税务局成立以来，海南省税务局一直关注纳税人在促进税收便利化和优化营商环境方面的经验，重点拓展非接触式税收待遇，不断优化、完善纳税功能。海南省税务局采取的多项创新性财政措施是将全球计划的要求应用于海南自由贸易港建设的生动实践。海南还将继续探索更多新技术的应用和推广，不断优化全省商业环境。

三、不断创新海南特色旅游产品

大多数人认为海南是一个沿海资源旅游目的地。其实，海南同样拥有丰厚的人文资源及历史，而这种资源也有利于海南旅游业在发展过程中介绍“海南的故事”。海南目前正在建立全球最大的游客消费中心，因此海南必须提高旅游商品和旅游业服务的品质。国际化发展的先决条件就是提高管理技术水平，提高旅游品牌的主体吸引力。此外，海南旅游业的发展也需要密切注视市场需求的变化，掌握旅游市场的基本需求。海南的旅游应该从旅游产品创新上下功夫，要找好自身定位，丰富旅游服务及配套设备，而旅游产品则要充分体现东方文化和海南本地的特点，中国社会科学院旅游研究中心特约研究员高舜礼在中国服务旅游产品创新大会上强调。

为了不断展现新成就、新变化、新政策、新商机和独特的旅游资源优势，自海南自由贸易港全面建设以来，海南省旅游协会积极参与中国服务和旅游产品创意案例征集等活动，旨在推进海南旅游业体制改革，生产一批具有国际水平、地方特色、性价比高的产品，不断提升“中国服务”和“海南特色”的质量。结合海南特色文化、丰富的海洋资源和旅游产业，根据不同海外游客的需求，打造多样化的旅游产品；根据海外游客的旅游偏好和特点，划分中、低价优质旅游市场，打造特色旅游产品；注重打造高层次旅游项目，增加游轮、海上高尔夫、海上垂钓等活动。增加海上赛事种类，打造具有一定规模和专业水平的海上体育赛事，吸引海内外专业选手参与，在海南省建设竞技基地，促进客源增长；在逐步发展海南特色和自主创新的过程中，推广体现海南地域文化与地方风情的纪念品和服务，加深海南游客的印象，加强文化推广，建设全球美食中心。

本章从国际旅游消费空间的不断拓展、国际旅游消费质量的不断提高、国际旅游消费需求的持续增长 3 个方面总结和揭示了海南自由贸易港国际旅游消费的亮点和热点，旅游国际化发展水平全面提升，国内旅游市场发展步伐全面加快。从国际旅游消费中心的战略地位出发，以海南自由贸易港最开放的经济形式为基础，在旅游国际化的背后，本文总结了海南的创新成果，丰富了新时期质量消费 3.0 工作的创新和实践经验。

3 年前，海南走上了历史的新起点。2018 年 4 月 13 日，习近平总书记在庆祝海南省经济特区成立 30 周年大会上发表重要讲话时强调，党中央支持关于在海南岛建设自由贸易试验区的决定，逐步探索和稳步推进中国特色自由贸易港建设，分步骤、分阶段建立自由贸易港政策和制度体系。从自由贸易试验区建立到自由贸易港建设，海南作为改革和开放的“新高地”迅速崛起，这是新发展模式的重要战略支柱。海南凝聚全省各方面力量，不断突破把握时代方向，勇往直前、勇于担当，着眼体系融合创新，在疫情防控下寻求社会经济发展，全面建成小康社会、海南自由贸易、“三个回应”建设坚持以优质高标准推进海南商港建设，只为不辜负党中央对海南的期望。海南人民心中充满了沿着这条道路前进的勇气和渴望。

习近平总书记说过："惟改革者进，惟创新者强，惟改革创新者胜。"如今，海南自由贸易港建设规划已经制定，对外开放的使命已经确立。历史责任落在了海南，海南要继续发扬特区先行精神，奋发图强，把这个美好的计划落到实处，在海南这片土地上树立起全面深化改革开放的新标杆。新时代，海南要助力实现"两个世纪"的奋斗目标和中华民族伟大复兴的梦想。

第六篇

启示篇

自海南全面开展国际旅游消费中心建设工作以来，其成绩斐然，国际旅游消费水平日渐提高，海南正向着国际化、全球化道路迈进。在这个过程中，借鉴其他国家或地区发展国际旅游消费的经验和做法显得尤为重要，本篇将对阿联酋迪拜、新加坡、美国佛罗里达州等10个国家或地区促进国际旅游消费的典型经验进行研究和分析，作为海南进一步提升国际旅游消费水平、促进旅游消费国际化水平的经验启示，并基于此提出提升国际旅游消费水平的基本策略与保障措施。

第一章　提升国际旅游消费水平的典型经验

一、迪拜

迪拜连续多年位列全球国际旅游消费榜第一，它不仅自然旅游资源优越，拥有神秘的沙漠奇景和美丽的海滩，而且拥有全球首屈一指的七星级酒店和世界第一高楼，是世界购物天堂。2019 年，迪拜的国际旅游收入排名为世界第三，已然是世界一流的旅游消费城市。其提升国际旅游消费水平的典型经验总结如下。

（一）完善的境外旅游推广顶层设计

迪拜政府制定了商业贸易优先发展的战略。一方面，其利用石油所带来的经济发展迅速地进行城市基础设施建设，使得国家繁荣发展。同时大力发展旅游、金融、转口贸易、高科技产业等非石油经济，鼓励本国企业深度参与国际竞争。另一方面，其实行较为开放且稳定的经济政策，在国际工商界获得良好声誉，并鼓励外国资本在迪拜的多个产业领域投资。因此，世界各国的资金纷纷涌入，使迪拜经济发展更加繁荣。

启示：相对而言，海南省旅游消费国际化水平的全面性不足，外资引进力度同风险管控政策不匹配，外资利用效率较低，仍需强化境内外的旅游服务贸易合作。海南国际旅游消费中心的建设应该以国家“双循环”新发展格局为出发点，推进海南全面深化改革开放，以中国特色自由贸易港建设为核心，紧抓国际旅游消费中心国家战略定位，推进海南旅游业转型升级和提质增效。

（二）打造一流的核心吸引物

迪拜将城市的发展重点放在打造世界一流的顶级核心吸引物上，不仅建设了通天巨塔迪拜塔、世界最奢华的七星级酒店，而且有“世界第八奇迹”人造棕榈岛。迪拜巧妙地运用“眼球经济”吸引世界的目光，使其拥有了独一无二的国际旅游消费核心竞争力，在一定程度上促进了外资的引入。

启示：国际旅游消费中心的建设需要“眼球经济”来指引，“眼球经济”可以直接助力人才、资金等资源调配，尤其是在新冠肺炎疫情防控期间，“直播带货”的兴起更加凸显了“眼球经济”的重要作用。海南省目前已有三亚市亚特兰蒂斯这一七星级酒店，在未来着力提高旅游核心吸引物的品位打造，即打造更具世界鉴赏力的旅游产品，同时借助自媒体平台和新兴媒体，讲好海南故事，树好海南形象，无疑是海南建设国际旅游消费中心的必经之路。

（三）和谐至上，鼓励传统与现代文化融合

迪拜的居民崇尚和谐，善于调和不同文明之间的差异和冲突。它们不仅对非伊斯兰文明开放，也不受阿拉伯长袍的限制。在迪拜，流光溢彩的现代广告旁也能听到每天 5 次的祈祷；以朱美拉清真寺为代表的阿拉伯建筑与以金帆船酒店等一众现代建筑共立；展示阿拉伯人一支——贝都因人生活的历史博物馆和现代化的国际贸易会展中心皆在；在迪拜享用阿拉伯传统食品的同时，也能品尝到世界各地的美食；既拥有阿拉伯黄金市场和有百年历史的香料市场，又建设有在中东规模最大的现代商场；在迪拜既能体验到射箭、赛骆驼、驯鹰、猎鸽等传统民族运动旅游项目，又能参与滑雪、高尔夫、滑冰及帆船等现代运动旅游项目。迪拜崇尚和谐、融合、共存、共赢，这促成了其经济与旅游的极端多元的特色，使迪拜的旅游业成为常青经济。

启示：海南在建设国际旅游消费中心时也应积极借鉴迪拜的发展模式，大力推进海南传统文化与现代文化、传统建筑与现代建筑、传统节庆活动与现代会展活动的结合，根据不同地区的经济传统和自然禀赋进行旅

游路径探索，和谐生动地实现传统与现代的融合。

二、新加坡

新加坡的旅游资源并不丰富，但旅游业非常发达。在国家的大力推动和全社会的共同努力下，其旅游资源得到充分整合，旅游服务和监管机制相对完善，城市绿化水平位居世界前列，节庆会展活动丰富。因此，这个国家的旅游吸引力得到了极大的提升，游客群体不断扩大，旅游个体蓬勃发展，旅游产业逐渐成为新加坡的支柱产业。其旅游产业的经验对海南旅游业的发展具有很强的借鉴意义。

（一）旅游融合城市建设

新加坡政府高度重视旅游业的发展，认为旅游业可以增加国家的外汇收入、创造商机、创造就业机会、搭建与世界各国的友好桥梁。新加坡的旅游业与城市建设结合良好，旅游与交通、城市建设、文化艺术紧密结合，规划合理。城市街道、城市景观、休闲空间、工程建筑都与旅游相结合，在发挥原有功能的基础上，又具有极高的观赏性。例如，新加坡水务局将新加坡水务局大楼滨海堤坝（Marina Barrage）设计成了既具有防洪功能的水利设施，又具有资源保护及永续利用功能的游览景点；裕廊工业园以石油加工为主，是新加坡的工业支柱，但因裕廊地区属重工业区，其内房地产业不景气，于是政府投资600万元在裕廊建造飞禽公园；城建局大楼（City Gallery）本是城建局的办公地，通过规划建设俨然成为一个参观景点，吸引了无数团体到此学习考察。以上都是市政工程与旅游融合的典型案例。

启示：海南省地处我国领土最南端，耕地资源并不充裕，第三产业是其支柱产业。在建设国际旅游消费中心时，可将旅游业的发展与城市建设融合，破解旅游城市的建设必将新建旅游建筑的壁垒，融旅游发展与城市建设于一体，打造城市的旅游氛围。

（二）精心谋划，节庆会展活动丰富多彩

新加坡是个文化多元的国家，包含华族、马来族、印度族三大民族及

十大宗教，融汇了东西方文化特色。当地会于农历新年、国庆节、中秋节、中元节、开斋节、蹈火节、屠妖节等举办多样的民族民俗活动。每年新加坡还会举行艺术节、美食节、时尚节、妆艺大游行、马会、世界名厨峰会等活动，吸引世界各国的游客前往。近年，新加坡旅游局成立了一项500万美元的创业基金，鼓励企业主动创新吸引游客，从而让新加坡成为一个有趣的、有文化的国际城市。

启示：积极推动博鳌亚洲论坛、中非合作圆桌会议等一批国际交流平台秘书处或办事机构落户海南，鼓励引进国际知名会展品牌和企业，加强与各类国际间政府组织、非政府组织合作，在海南共同举办国际知名商务贸易展和国际性论坛等，以海南服务贸易创新发展试点省建设为契机，全力推动现代服务业总部经济。

（三）创新管理，实现旅游业多方联动有机管理

新加坡政府和相关行业协会支持有意义的活动和项目，引导和督促旅行社与旅游组织基于发展可持续三方伙伴关系的理念，不断提高服务质量，推动旅游业标准化。新加坡政府推出了企业提升基金、旅游科技基金和旅游产品开发基金，制订了8000万新元的旅游发展援助计划和9000万新元的旅游产业提升计划，设立了20亿新元旅游发展基金，鼓励开发新的旅游景点、改善旅游基础设施、提高旅游业发展的整体能力。

启示：海南应充分利用中国特色自由贸易港的优势，积极探索、敢为人先，构建政府、企业、旅行社三方和谐的关系，推进旅游资源的综合管理，避免主体孤军作战式投资，避免无序竞争，鼓励经营者转变经营模式，以科技为生产动力，充分开发和利用优质旅游资源，努力实现效率与效益的最大化。

（四）自由港与“购物天堂”

新加坡作为自由港使得它的大部分产品都享有进口免税政策，而且价格低廉，吸引了很多邻国游客来新加坡购物。在这里，游客可以以较低的价格甚至低于原产地价格购买到来自世界各地的昂贵而新颖的商品。此外，新加坡机场还配备了娱乐、休闲、餐饮和住宿设施，让游客的旅行需

求可以一站满足。因此，新加坡成了与中国香港齐名的“购物天堂”。

启示：作为国家赋予海南影响最广泛、含金量最高的政策之一，海南的离岛免税购物政策多次调整，自 2011 年实施以来，条件放宽的免税配额、产品类型、团体购物、便利购物等吸引海外消费回流初见成效。今后，海南应加大力度推进供给侧结构性改革，积极与全球供应商对接，加强对海南免税产品供应的支持。调整免税产品结构，引进高质量、高标准的国际一线产品。不断释放政策红利，满足岛内岛外居民和游客的高端消费需求，为游客提供更加多元化的全球产品。

（五）极致的城市绿化

1963 年，新加坡提出“绿化新加坡”的构想，先后开展了“花园城市”“空中绿化”“锦簇社区”“主题干道”等活动。2007 年，新加坡的绿化覆盖率达到 46.5%。此外，新加坡政府巧妙地将绿色元素植入城市建筑的硬件，创造了许多绿色建筑立面、空中花园、屋顶绿化带等，摆脱了绿化带的固定思维，努力开拓不占用地面的绿色空间。这为窄空间打造高水平城市绿化树立了典范。

启示：新加坡在城市绿化方面取得的卓越成就为海南的城市建设提供了借鉴。未来，海南应精细制定、严格落实各类绿化标准，将有关政策法规落地，将城市园林绿化建设的刚性指标分派至相关单位；鼓励进行垂直绿化，充分合理利用空间，构建“空中花园”，全方位美化城市环境；强化公民环保意识，加强园林养护管理。

三、佛罗里达州

美国大陆最南端的佛罗里达州（以下简称“佛州”），是美国旅游业收入第一大州。佛州最大的产业是旅游业，在佛州约有 100 万人的工作与旅游业直接相关，每年 20%以上的经营预算直接来源于旅游产业税收。佛州是一个名副其实的国际旅游胜地。以下是佛州提升国际旅游消费水平的经验总结。

（一）准确把握发展定位，走差异化发展道路

佛州在发展过程中，牢牢把握区位、生态、气候等资源优势，精准定位产业格局，抓住美国产业转型升级的机遇，坚定走以旅游业为主导的特色发展之路，兼顾现代服务业和高新技术产业，实现了经济的跨越式发展。

启示：自 2018 年以来，海南有了四大新的战略定位：全面深化改革开放试验区、国家生态文明试验区、国际旅游消费中心、国家重大战略服务保障区，这些战略定位为海南指引了全新的发展方向，是党中央以促进国内大循环发展、提升海南国际竞争力为目的做出的科学决断，为海南下一步发展确立了更高的战略定位，是党中央对新时代海南在扩大开放方面闯出一条在全国可复制可推广新路的殷切期望。海南应深刻把握“三区一中心”发展定位，依托海南自身的区位、气候、生态等优势，鼓足干劲，趁着政策支持“东风”深入推进旅游业高质量发展，打造独具特色的国际旅游消费中心。

（二）立足高品质生活，完善配套服务

立足高品质生活、完善配套服务是佛州提供和保持高质量发展的重要动力来源，对于支持旅游业的发展和吸引人才具有重要意义。两大基本经验如下：第一，以完善的配套服务支撑旅游业的发展，促进相关服务业的快速发展。目前，佛州有 30 多所大专院校及 30 多所社区学院，这些设施为教育服务的发展提供了保障；这里有 80 多家美术馆和博物馆、4 个交响乐团、4 个表演艺术团体、4 个著名演出场所，可提供丰富的文化服务。第二，根据不同人群的需求精细分类，提供相应的定制服务。如为了打造退休者“乐园”，从老年人特殊服务需求出发，配置了成套的服务设施等。

启示：海南在建设国际旅游消费中心时应不断推进供给侧结构性改革，发展新机遇、发挥新作用、担当新使命，创新旅游发展新业态、新格局，为游客提供超五星的高品质服务。适应大众旅游时代新趋势，统一规划、科学布局、精心打造、优化服务，以基本生活圈为载体构建满足城乡居民需求的社会公共服务网络，以都市生活圈为载体配置满足国际旅游岛

高端需求的服务设施。促使新兴旅游吸引物源源不断地呈现，从而留住国内高端游客和入境游客，推动旅游业高质量发展。

（三）始终坚持保护环境，塑造高品质的绿色生态格局

持续性地维护和保持良好的生态环境是佛州可持续健康发展的基础。与此同时，佛州还积极建设和立法保护高质量的景观格局；为了全面治理生态环境，联邦政府和州政府分别立法；有针对性地管理重要空间资源利用，如针对海岸带、近海海域和岛屿成立保护海岸和水管理区域环境的部门，由其负责监管水生保护区等，塑造了佛州极高品质的绿色生态格局。

启示：积极贯彻落实“绿水青山就是金山银山”理念，坚持生态优先、绿色发展战略，按照生态旅游发展的要求推动全域旅游产业融合，有效统筹资源，优化配套体系，提高旅游资源要素配置效率，从数量扩张转变为质量提升，发展可持续、负责任的旅游业，为国内外游客和当地居民提供更多优质服务。

（四）积极发展总部经济

佛州优越的地理位置和良好的商业氛围使得迈阿密成为许多美国本土及跨国公司的选址地，这里有 6 个国际机场，迪士尼、挪威邮轮、美洲航空、汉堡王等企业纷纷在此设立分部，有些甚至直接将总部搬到迈阿密。这些大型企业，特别是与旅游产业直接相关的大型跨国娱乐项目落户迈阿密，对推动迈阿密的旅游产业及其他相关产业发展起到了至关重要的作用，并使迈阿密成为集旅游、商业、艺术、娱乐等于一体的国际化大都市。

启示：海南拥有优越的政策优势、自然环境资源禀赋及较为宽松和包容性的社会环境，对于发展总部经济具有得天独厚的条件基础，应积极主动地打造发展总部经济，吸引具有国际影响力的大型旅游项目落地海南，为国际旅游消费中心的建设提供重要支撑。

四、西班牙

西班牙地处欧洲西南部，有着悠久的历史文化和丰富的旅游资源，区

位条件极为优越，旅游业更是其国民经济支柱之一。西班牙拥有巴塞罗那、马略卡岛等著名旅游城市，为建设滨海旅游与体育旅游城市的范例。2019 年，西班牙旅游业总收入占其国内生产总值的 12.4%；入境旅游人次为 8370 万，同比增长 1.2%，仅次于排名世界第一的法国；入境旅游收入达 923.37 亿欧元，同比增长 2.9%，位列世界第二。以下是西班牙提升国际旅游消费水平的经验总结。

（一）智慧旅游建设不断推进

西班牙的主要城市都进行了智慧旅游建设。在技术层面，深入创新研究，提高目的地管理和目的地设施的智能水平。例如，西班牙政府开发了手机应用软件供游客使用，软件搜集并整合了城市内各旅游目的地的游览信息。此外，无线网络覆盖了大部分公交站点甚至是公共海滩。在生产层面，支持旅游目的地企业如酒店、餐饮企业、旅行社的创新化、差别化、多样化发展。紧抓“物联化”内涵，通过制定总体规划，有序开展智慧城市建设，智能感应垃圾回收点、智能感应设施的停车库与停车位管理系统等智慧旅游设施也在几年内建成。

启示：海南在建设国际旅游消费中心时，同样应注重智慧旅游设施的建设，充分发挥物联网、大数据、数据安全、人工智能等的技术能力，实现旅游过程中的全场景覆盖，让智慧海南带来的便利服务惠及游客；通过移动端提供全方位的旅游信息、个性化服务及安全规范的旅游环境，为游客提供高效便捷的旅游体验，助力海南打造智慧旅游岛。

（二）发展旅游教育

20 世纪 60 年代，西班牙旅游业发展势头强劲，逐渐成为旅游强国，其间的一项重要举措是从培养人才入手，坚持旅游人才优先发展战略，在全国范围内大力发展旅游教育和培训，建立大批旅游学校与培训中心，为旅游产业培育大批专业人才。同时，根据不同地区的旅游资源和产品特点，有针对性地培养旅游人才，如加那利群岛培养了具有服务技能和海岛度假管理能力的人才，马拉加和巴伦西亚注重培养邮轮和游艇旅游及乡村旅游人才。西班牙旅游业的质变需要教育和人才培养的推动。

启示：海南应全面落实“人才强旅、科教兴旅”战略，积极组织旅游高层次人才通过基层挂职、企业兼职和顶岗交流等方式帮扶指导旅游业发展；鼓励及引导社会资本以市场化的方式设立旅游专业人才培养和留学生入学专项基金，积极培育、引进文化旅游类创投基金落地海南；不断扩大海南大中专院校留学生规模，充分利用国内外优质教育培训资源；继续研究招聘、引进海内外高层次旅游人才；加大人才保障和服务力度，为高端人才提供健康医疗保障、子女教育保障，构建“一站式”人才服务平台；培育多个旅游小微企业创投孵化中心和孵化基地，基本形成人才集聚新高地，有效助力海南旅游产业的转型升级，不断强化海南人才集聚和创新中心地位；加强旅游领域教育培训合作，培养高水平的旅游特色国际化人才，深化乡村旅游扶贫人才培训工作，打造一支职业素养高、专业技能强的乡村旅游实用人才队伍。

（三）直飞航线和航班密集

通过梳理全球知名的旅游城市不难发现，入境交通的便利性发挥着关键作用，其共性特征主要体现在直飞航线、航班密集，且这一特征仍在不断强化（见表6-1）。通过梳理西班牙所有的机场航线发现，西班牙机场航线主要有三个特征。一是入境旅游直飞航线达600条以上，热门旅游目的地航线有100条，综合旅游目的地持续升温，航线、航班异常密集。二是直飞航线多于经停航线。三是航空公司中境外航空公司数多于境内航空公司数，这些都为西班牙旅游经济的发展提供了极大的便利。

表6-1　国际主要旅游目的地航线基本情况

国家	主要机场	入境航线/条		国内航线/条		所属航空公司数/家	
		直飞	经停	直飞	经停	境内	境外
西班牙	巴塞罗那（BCN）	274	6	54	0	3	79
	马德里（MAD）	303	12	54	0	4	62
	马洛卡（PMI）	63	112	46	0	3	65
新加坡	樟宜（SIN）	290	28	—	—	12	62
泰国	普吉（HKT）	100	6	16	0	16	33
	索万那普（BKK）	284	18	26	0	19	75

续表

国家	主要机场	入境航线/条		国内航线/条		所属航空公司数/家	
		直飞	经停	直飞	经停	境内	境外
美国	洛杉矶（LAX）	172	8	190	37	10	56
	拉斯维加斯麦卡伦（LAS）	47	5	227	28	1	26
	迈阿密（MIA）	62	23	137	26	4	64
	纽约（LGA）	244	19	281	47	8	82
墨西哥	墨西哥城（MEX）	118	5	102	1	1	25
	坎昆（CUN）	155	129	9	23	3	57
埃及	开罗（CAI）	122	2	16	2	0	31
澳大利亚	布里斯班（BNE）	58	4	77	9	7	26
日本	那霸（OKA）	27	3	28	1	7	21
韩国	济州（CJU）	29	2	24	0	6	8

启示：对海南而言，必须持续强化航班、航线的密度，采取有力措施吸引更多境外航空公司开辟更多跨境直飞航线；同时应高度重视国内直飞航线的增加，特别是用好第五航权，增加更多重点客源市场经停海南岛内的航线，以此平衡出岛客流量低且入岛客流量季节性、时节性等集中的突出问题，有效增强航空公司运行海南出入境航班的运营能力及收益水平。

五、日本

日本历史悠久、经济发展良好、风景优美，其自然资源、人文资源丰富独特，是世界上旅游业较为发达的国家之一。在旅游业的发展过程中，其通过深入挖掘地方特色、不断改善接待环境及开拓旅游市场新空间等措施，促进了日本国际旅游的快速发展，并取得了显著成果。以下是日本的主要经验总结。

（一）深入挖掘地方特色，提高旅游目的地核心吸引力

日本各地区的特色旅游资源不同，对于游客的吸引力也不大相同。日

本政府制定了地区特异化的旅游规划战略。例如，北海道对亚洲游客有固定的吸引力，但对欧洲和美国市场没有吸引力。因此，北海道不仅大力保护和挖掘历史文化资源，还大力推广和发展自然风光与户外体育旅游项目，以吸引更多的多元化旅游群体。另外，由于受到日本东部地震和福岛核泄漏事故的影响，其入境旅游业形势严峻。因此，政府从外国游客的角度出发，重组东北太平洋沿岸的旅游资源，推动多语种导游服务体系建设，完善教育旅游（研究旅游）接待设施，有助于东北地区旅游业的全面恢复。

启示：海南需要以挖掘具有特色的国际旅游吸引物为长期任务，本着符合当地特色的文化旅游产品，地理、历史和生态旅游产品，推进国际旅游主题公园建设，提高其国际旅游购物中心、国际医疗社区、国际健康社区的吸引力，构建旅游产品全要素覆盖体系，提升海南国际旅游岛的核心吸引力。

（二）切实改善接待环境，提升旅游便利化水平

近年来，日本旅游业一直致力于改善旅游接待环境。2017 年，北海道交通管理局在实验基础上开通了“北海道旅游安全信息”网站，希望解决外国游客在恶劣天气下无法及时获得正确交通信息的问题。在发生自然灾害和其他事故时，该网站以日文和英文提供有关飞机、铁路、渡轮和快车等主要公共交通关闭及替代交通的信息。为了防止外国游客在没有获得适当照顾的情况下突然生病或受伤，长崎与当地医疗机构联合行动，采取问卷调查、听力、信息推送等措施，使外国人能够应对各种医疗状况。此外，为了保护日本的自然生态环境，确保旅游业的可持续发展，日本地方政府不仅为游客出行提供了更大的便利，还采取了环境教育、生态保护等措施引导游客保护环境。这些措施极大地改善了日本的游客接待环境，并为游客在遇到极端天气或特殊情况时提供保护。

启示：海南应落实旅游咨询服务国际化提升工程，抓紧推进旅游服务中心建设，完善多语种服务、外币兑换、医疗保障、应急救援等便利化服务功能；同时加强旅游安全红线意识，全力消除各类旅游安全隐患，增强

旅游安全工作成效，提高突发事件应对能力，确保国际旅游消费中心建设稳步推进。

（三）加强国际旅游交流合作，推进海外市场开拓

“加强国际旅游交流合作，推进海外市场开拓”，是日本各地促进旅游业发展的重要措施。2017 年，众多海外媒体受邀访问日本，实地体验日本樱花和自然美景，积极向广大游客宣传旅游信息，从而提高当地知名度，激发外国游客的消费意愿。同时，其他地区也采取措施促进入境旅游，与主要客源地开展友好交流，促进入境旅游市场的增长。例如，近畿地区与重要的旅游客源国澳大利亚达成了许多旅游合作和交流项目，建立了良好的沟通和交流机制，为两国旅游业的相互促进打下了坚实的基础。四国通过政府和非政府组织等渠道开拓海外市场，与西班牙、法国、意大利等国建立了良好的旅游交流机制，举办各种形式的旅游推广活动和研讨会，拓展新的旅游市场，吸引更多的外国游客。

启示：海南在国内外均处于关键区位节点，应积极落实“走出去”“请进来”。一方面要尽快融入与国内市场的联动合作，特别是海南与粤港澳大湾区的联动；另一方面要加强与澜沧江—湄公河地区及东南亚国家的跨区域合作，特别是通过建设泛南海旅游经济合作圈，加强与旅游相关企业之间的合作，并围绕海南国际旅游消费中心建设推出各种旅游套餐及路线，不断加强海外旅游推广和广告宣传力度，加强与大型海外旅游机构的合作，开设海外海南旅游形象店和体验店，将海南自由贸易港建设成为区域“重要开放门户”。

（四）大力发展入境旅游，激发国内市场活力

与其他旅游发达国家不同，日本国内旅游比例远超国际旅游比例，占据绝对主导地位。日本是一个旅游大国，也是一个入境旅游小国，这与其经济环境相匹配。日本政府以“国内旅游—出境旅游—入境旅游”为发展路径，通过在不同时期出台不同的政策来帮助旅游业发展。第二次世界大战后，为了刺激旅游消费，日本政府颁布了《旅游基本法》和其他专门的旅游法来规范并促进国内旅游业的发展。其在 2003 年提出的“旅游强国”

战略中，入境旅游的发展被放在非常重要的位置。通过这些政策措施，日本国内旅游消费得到了蓬勃发展。

启示：新冠肺炎疫情发生后，境外消费回流是中国消费最重要的变化之一，尤其在高端奢侈品、化妆品、旅游和娱乐等领域。2020 年上半年，海南省离岛免税品零售额达 85.72 亿元，同比增长 30.7%，其中 6 月零售额达 22.99 亿元，同比增长 235%，旅游消费逐渐回升。用好离岛免税政策、提高离岛免税购物额度、增加免税商品种类，在“双循环”新发展格局下，深度融入海南自由贸易港建设国家战略，全面落实国际旅游消费中心战略定位，主动适应群众消费升级和产业结构调整的要求，推动海南成为世界一流的国际旅游消费中心。

六、韩国

近年来，韩国政府支持、鼓励和发展旅游业，旅游业逐渐成为韩国的战略产业，并通过对外宣传“韩流”文化、简化入境手续、改善国内旅游硬件设施、提升旅游服务水平等一系列措施，吸引更多的国外游客。韩国同样有着许多著名的旅游地，如首尔、济州、庆州、釜山等，丰富的旅游资源是韩国发展国际旅游业的坚实基础。以下是韩国提升国际旅游消费水平的经验总结。

（一）促进区域旅游协同发展

韩国为了实现多个旅游景点或旅行目的地的联合发展，景点聚集区大力发展巡游线路。根据各个景区的特点，韩国采用旅游资源再包装型、特色资源驱动型、文化创意型、历史文化挖掘与重构型、特色街区开发型、主题公园开发型、转换价值重构型等对旅游资源进行开发与重构，形成了良好的集聚效应。

启示：具有国际影响力的旅游消费产品是国际旅游消费中心的核心，特别是主题独特、业态高度整合、收益高效可持续的优势产品集群。海南应形成主导客户群体，以六度康养养老、特色邮轮路线、山海户外运动、中国非物质文化遗产大观等为突破口，形成一批标杆旅游消费项目，以其为增长极，吸引相关产品汇聚，打造覆盖全岛、各具特色、互补联动的主题旅游消费产品集群。

（二）着力展现文化魅力

韩国的文化旅游相当发达。自 2005 年起，政府便将“文化强国”作为国家旅游产业发展的重要战略，为韩国文化旅游的发展提供了辅助作用。韩国综艺节目《一起用餐吧》分集介绍韩国各种美食，全方位、多角度地向世人展示了韩国美食的魅力，既达到了吸引海外游客的目的，又生动形象地传承了韩国传统文化。

启示：作为国家全面深化改革开放试验区，海南将承接更多首访中国的国际游客，于对外文化展示交流方面有着明显优势。特别是海南的黎族和苗族文化、“海上丝绸之路”文化和南海渔业文化独具特色、内涵丰富。海南要立足民俗等文化资源，讲好“海南故事”，着力加强旅游文化保护，推动旅游业态发展，以适应市场需求的变化，提高名胜古迹的吸引力，最大限度地将旅游资源转化为资本。

七、泰国

泰国是位于东南亚的佛教之国，有“千佛之地”“微笑之地”的称号，坐拥优越的地理位置，拥有得天独厚的自然、人文资源。近年来，得益于泰国政府的大力支持，泰国晋升为全球知名旅游目的地之一，旅游业发展迅速，赴泰旅游人数不断增多，旅游业收入逐年增加。旅游业目前是泰国外汇收入的主要行业。泰国旅游资源丰富，拥有清迈、普吉、芭提雅等旅游点，凭借海岛风光、泰式美食及佛教文化吸引着游客。旅游业的发展也提供了众多的就业岗位和旅游收入，旅游从业人数不断增加，旅游业发展势头强劲。以下是泰国提升国际旅游消费水平的经验总结。

（一）强调全社会对旅游的关注和支持

泰国对于旅游业的发展持有积极态度，十分重视、支持旅游业的发展。无论是政府总理，还是普通市民都尽自己的所能促进旅游业发展。政府总理十分重视旅游业发展规划的制定，并亲自参加庆祝旅游年等大型活动，推广泰国旅游；普通市民则积极营造和谐热情的氛围，自学外语，提高对游客的吸引力；泰国还专门组建旅游警察队伍，以促进旅游业发展，旅游警察随时可以为世界各地的游客提供服务。

启示：海南可学习泰国政府，激发民众对旅游的认识和支持，鼓励民众参与当地的旅游发展，树立旅游形象关系到每个人的理念，让当地民众有主人翁意识，主动、积极、热情地与游客交流，宣传推广本地旅游资源，并适度接受、合理吸收外来游客的新思想、新观念等。

（二）重视旅游市场的研究与开发

泰国政府十分重视游客来源地的市场开发，审时度势，调整旅游推广营销方案，吸引更对游客赴泰旅游。受发生在美国的“9·11”事件影响，欧美地区游客赴泰游市场受到冲击，泰国旅游当局及时调整推广重点，将目光瞄准中日韩澳等环太平洋国家和地区，将它们作为主要客源，并出台了相应的便利措施，提高客源地游客赴泰旅游兴趣。泰国政府还特批了15亿泰铢（约合2.94亿元人民币）用于到如中国、日本、澳大利亚、新西兰等有潜力的国家做宣传推广。

启示：泰国这一做法值得海南政府借鉴，即针对不同的客源地，政策上进行有针对性、独特性的“定制”，摸清不同国家游客特点，“对症下药”。一方面可以提升海南国际影响力和知名度，面向韩日俄等周边国家人群重点培养东亚市场，提高海南在西方客源市场的存在感，最大限度地开发西方客源市场，并在入境限制等方面尝试出台有针对性的放宽政策；另一方面及时跟进市场变化态势，在对外推广方式和推广平台上，针对不同目的地和目标人群定制化推广，还可以利用博鳌亚洲论坛、中国国际消费品博览会、外交部海南全球推介活动等平台，促进国际交流与合作。

八、中国香港

中国香港管辖陆地总面积1104.32平方千米，地处中国华南地区，珠江三角洲东南部，向北与广东省深圳市接壤，向西隔珠江与澳门特别行政区相望，东、南两面与南海相邻。香港全境由香港岛、九龙半岛、新界三大区域组成。1840 年前，香港还只是一座小渔村；1842—1997 年，香港沦为殖民地，受英国统治；第二次世界大战后，东西方文化在香港交融，香港经济和社会发展进入“发展快车道”，成为“亚洲四小龙”之一。1997 年 7 月 1 日香港回归祖国，香港拥有高度自治权，经济发展更上一层楼，发展成为仅次于纽约、伦敦的全球金融中心，三座城市并称为“纽伦港”，在世界上享有盛誉。香港作为国际和亚太地区的重要航运枢纽之一，是全球范围内最具竞争力的城市之一，有“东方之珠”“美食天堂”“购物天堂”等美誉加身，是世界上最富裕、经济最发达和生活水平最高的地区之一。以下是香港提升国际旅游消费水平的经验总结。

（一）便捷高效的口岸通关助力贸易流通

香港的口岸通关效率在全球范围内首屈一指。香港推行的便捷通关计划是以信用管理为核心的，能够在很大程度上对通关时间进行压缩，使通关效率得到提高，降低跨境贸易成本。此外，香港实行的零关税政策对进出口管制相对较少，只有特定商品才需办理报关等。一般情况下，承运人在货物进口或出口后 14 天内向海关详细申报进出口货物的装运和进出口情况即可。

启示：回顾并借鉴香港建设国际自由贸易港的经验。香港在早期通过发展转口贸易实现前期积累，之后逐渐辐射带动产业发展，实现产业转型升级。海南省地理位置优越，拥有海口、三亚、洋浦等良港，虽然目前的整体吞吐量较小，但是海南的民航基础较好，三亚凤凰机场、海口美兰机场年累计旅游吞吐量均名列全国前茅，因此海南可发挥自身民航优势，依托两大航空港培育临空产业。此外，海南“离岛免税”政策也是一大助力因素。围绕贸易自由与便利化这一核心，推动贸易监管制度的重塑；将数字化应用于贸易基础设施建设，创新应用模式，推动港口和机场运营模式数字化、智能化转型进程；加快港口信息系统与国际贸易单窗口系统的对接，实现货物通关全过程的实时信息对接。

（二）注重内涵发展，丰富产品结构

2017 年，香港入境游客 5847. 2 万人，内地游客同比增长 3. 9%，非内

地游客同比增长1.1%，过夜游客同比增长5%，来自内地的过夜游客同比增长6.7%，非内地的过夜游客同比增长1.9%，香港旅游市场复苏进程进一步加快。香港旅游特别注重内涵发展，东西方文化交融的香港不仅有不同历史时期和不同国家地区风格的博物馆、文化艺术中心、展览馆、现代城市风光和建筑，还具有香港独特风格的古堡、古村落和寺庙，这些文化景观将西方现代艺术和中国传统文化融贯一体。同时，迪士尼乐园等景点的开发与建设也拓展了香港旅游资源的存量，提供了强大的增量空间。

启示：海南在这方面亟待借鉴香港经验，夯实自身发展基础，丰富旅游产业内涵，进一步推动东部、中部、西部的旅游业均衡发展，为更多国际游客提供与其旅游期待相适应的产业结构层次。

九、希腊

希腊地处欧洲巴尔干半岛南部，由希腊本土、爱琴海和爱奥尼亚海中的众多岛屿组成，东、西、南三面临海，海岸线长达12000千米，山地面积广阔，是历史悠久的文明古国之一，2700多年前便有文字记载的历史。希腊有山脉、平原和海港等多种多样的地形地貌，悠久独特的历史文化和旖旎美丽的地中海自然风光对全世界的游客都有着巨大的吸引力。以下是希腊提升国际消费水平的经验总结。

（一）深层次开发旅游产品

希腊虽然是欧盟成员国中经济较落后的国家，但希腊作为世界文明古国，有着深厚的历史文化积淀，这也是它在旅游业发展中突出的优势。希腊不断开发和完善旅游产品，不断扩大现有市场规模，不断挖掘希腊文化内涵，开发更深入的旅游产品，充分利用自身历史文化名片，将单纯的文物旅游拓展为文化旅游，开发创新点，保护和整理几乎所有的遗址，并将其发展成为一个遗产公园，部分还配套有博物馆等设施，从而成为旅游吸引物，得到世界各地游客的青睐。

启示：海南必须充分意识到到访中国的国际游客是以文化为第一需求的特点，未来必须重视区别于传统大陆文明、独具中国特色的海洋文明资源的开发，形成独具东方海洋特色和中华文化精神内涵的旅游产品体系。

（二）注重资源整合与保护性开发

希腊十分重视旅游资源的整合、开发及生态保护。不仅充分利用大型活动推广本国的旅游产品，进行国际宣传，还将大型体育和展示活动设施作为旅游吸引点。在旅游资源整合开发上，为实现对资源的长期保护和旅游行业持续健康的发展，政府实施严格的管理措施，对全境几近全部的城市进行科学、系统、严格的城市规划，城市的土地利用、建筑物建筑高度和外立面形象都有着严格的规定，从而保护城市的原有历史风貌，将城市打造成具有自身特色、独具一格的旅游目的地。景区的门票收入也实现反哺，用于景区的维护和资源保护，极大地缓解了旅游管理部门与资源管理部门之间的摩擦。对文物资源进行分级分类特殊化管理，不同等级的文物会得到国家和地方相应的文保资金。

启示：海南已有的旅游资源开发整体比较粗放，生态环保的理念在个别地区或项目上存在较大差距，产生了诸多不良影响，未来应切实坚持生态优先原则推动资源开发和旅游可持续发展。

十、澳大利亚

澳大利亚东部沿海地区分布有全球最大的珊瑚礁——大堡礁，四面环海，但沙漠和半沙漠在国内分布广。该国城市面积开阔宽广，在城市中分布有较多的公园和绿地，城市近郊的国家公园可进入性也很强。澳大利亚有丰富的自然资源，在这里不仅可以享受阳光、沙滩的海边美景，潜于水中欣赏大堡礁风光，而且能欣赏到当地独有的生物群种和广袤无垠、人烟稀少的沙漠景观，当然也有机会漫步雨林，在欣赏到美丽独特的自然景观的同时，繁华多元的城市风光也可以使游客感受到热情舒展的澳大利亚风情。澳大利亚每年都吸引着不计其数的海外游客前来参观，旅游业发展迅速，规模庞大。以下是澳大利亚提升国际消费水平的经验总结。

（一）大力扶持中小企业发展

为了促进旅游业发展，推动相关行业，如出版印刷业、音乐出版创作业、广播电视电影制作业等集聚发展，澳大利亚昆士兰州政府和昆士兰科技大学共同投资筹建布里斯班创意产业园，该园区提供配套的软硬件设施吸引了众多中小型创意企业入驻。此外还合作建立了创意产业孵化基地，整合行业创业资源，产学研一体化发展，为中小企业提供创意工作场所、资金支持、商业咨询和创意连接服务，来自政府、企业、市场、社会及个人的资源共同推动了昆士兰州旅游业，使其更加繁荣蓬勃。

启示：海南作为原料和市场均在外的典型岛屿，其经济发展模式迫切需要扶持更多中小企业成为文化旅游的核心主体，并应积极扶持推动更多中小企业参与并成为文化创意产业的核心力量。

（二）凝练旅游特色和吸引力

澳大利亚昆士兰州着力打造可持续发展旅游，突出其良好的自然生态环境，保持自身旅游资源的长期吸引力。澳大利亚自然公园以天人合一、人地和谐为发展建设理念，在人与自然、发展与环境保护的关系上堪称典范。整体保护、局部开发相辅相成；建筑与自然环境协调和谐，形成良好的视觉生态景观。

启示：海南的热带旅游资源在国内国际都极具吸引力，但尚未形成突出的旅游形象与特点。在建设国际旅游消费中心时应当以政府为引导，制定出台激励扶持政策；以市场为推动，大力培育各类市场主体，积极主动参与旅游形象铸造；以文化为主导，全域打造海南文化特色旅游品牌。

第二章　提升国际旅游消费水平的基本策略与保障措施

一、基本策略

（一）提高旅游消费管理水平

1. 提高公共服务竞争力

完善旅游消费国际化咨询服务体系，对省内所有旅游咨询服务中心（点）进行国际化改造，开展旅游消费人才国际化培训和旅游消费服务国际化提升等工作。以政府直接投资运营维护、委托代管和购买服务等方式，在机场、车站、港口、免税店、酒店、景区、商超等公共消费场所打造集成旅游消费信息、旅游线路、消费信息咨询和交通运输查询与预定四大功能于一体的旅游消费国际化咨询体系。提升金融支付国际化环境，在机场、车站、港口、码头、酒店、免税购物中心等公共设施处加设货币兑换点，方便外币兑换，健全支持 Visa、Master 等国际信用卡使用的国际支付系统。

以增进国际旅游消费标准化、便利化、国际化为导向，提高境外游客可进入性，充分利用当前单方面免签入境、互免签证、落地签证和电子签证等政策，同更多国家或地区开展旅游合作，提高免签和落地签适用国家（地区）数量的全球覆盖率。

建立并完善多部门参与的旅游消费维权处理反馈机制，优化国际旅游消费者权益保护服务，探索质量首负责任制度，创新消费者权益保障体系，实现可追溯的质量责任监管制度，为入境游客依法维权提供保障。

2. 提升消费竞争力

整体谋划、系统健全由政府和市场共管共治、两头齐抓的旅游消费物价调节机制，建立省域范围的旅游产品价格大数据库，推动打造公开透明、可追溯的旅游产品物价公示平台。各相关部门要加强对旅游市场的监督、监管，在全省涉旅企业和机构开展诚信经营宣传与治理活动，引导各企业和机构增进诚信意识、树牢法律观念，保持零容忍态度和高压态势对哄抬物价、恶性竞争、违法经营的企业或商家进行惩治，确保全省物价稳定。切实做好国际舆论引导和监督，塑造良好的国际营商环境与市场氛围。

创新国际游客消费补贴制度和配套核查制度，对在海南的国际游客的消费数额进行阶梯划分（以国际游客提供的在海南的消费凭证为统计依据），在国际游客出境时采取分级消费补贴、返现、赠送礼物、消费券等补助措施，在海南消费金额越大，补助越丰厚，以激发国际游客的消费动力。

多措并举改善营商环境，坚持法治化、国际化、标准化、一体化、协同化、便利化完善产权保护制度，建立健全多元化的商事纠纷解决机制。此外，对标国际先进水平，构建稳定、透明、公平、可预期的一流营商环境和国际领先的法律服务体系，加快旅游要素价格市场化改革，吸引更多跨国企业入驻海南，为国际游客提供更加丰富的国际旅游服务。

（二）优化旅游消费服务水平

1. 优化国际消费语言环境

在全省高校、职业学校、重点涉旅行业和企业开展更为广泛和深入的多语种旅游消费服务教育，提高从业人员外语培训活动次数和频率，增加免税店、景区景点、大型商超等关键场所的外语导购人员数量，提高旅游业相关人员的外语水平，营造国际化语言氛围，提升服务标准，提高国际旅游消费过程中关键环节的外语标准服务覆盖率。

在省内主要入境口岸（关键节点）设置数量合适的大型多语种宣传巨幕和欢迎墙（户外广告），在全岛所有 A 级旅游景区和酒店、商超布局多语种标识牌，形成多语种标识系统在关键消费场所的全覆盖。针对现有的外语标识牌、宣传语进行语病纠错和简要分析，开展“一音一词皆无误”

全民外语主题活动，发挥群众力量，做“路标外语”的“啄木鸟”，营造全社会参与的语言环境建设氛围。

由海南省旅文厅牵头打造并完善海南国际旅游官方网站和App，为国际游客提供内容新颖、形式多样、符合国际游客习惯且涵盖“吃、住、行、游、娱、购”要素的旅游消费服务平台，并制作包含英、俄、韩、日等多语言版本。

2. 提高国际游客消费满意度

深入研析国际旅游消费政策和法规，完善国际旅游消费发展规划及相关法律构建工作，从实际接待过程中的问题和投诉出发，构建科学的旅游服务全产业链体系，覆盖产品、服务、标准、诚信、质量、投诉、监管等方面，在国际旅游消费品牌认证制度上紧跟时代，快速发展，促进对旅游企业、个人诚信、信息、投诉、违规等流程、程序和机制规范化、国际化等，合时合适地解决国际游客投诉，以提高国际游客消费满意度。

3. 织构国际旅游消费交通网络

着力改善海南国际交通水平，切实提高境外游客可进入性，继续对国际航班、航线进行补贴，并将工作重点聚焦提高补贴利用实效上，开辟和巩固更多的境外直飞航线与国际邮轮线路，确保直飞定期航线增长数和国际邮轮航线增长率稳步提升，重点加强泛南海旅游经济圈内直飞航线网络建设。进一步完善航空基础设施以提高机场服务管理水平，努力将海口美兰国际机场和三亚凤凰机场打造成国际一流的出入境口岸，稳步推进海口美兰国际机场二号航站楼的建设与运营，将琼海博鳌机场向国际机场升级写入日程，推动重点市县的航空配套设施建设，提高省内各通关口岸航空港年旅客吞吐量。

（三）提升旅游消费产品档次

1. 增加旅游消费吸引力

持续合理地扩大“离岛免税”和“离境退税”适用范围，分阶段、分步骤推进与完善离岛免税、离境退税政策，在合适的时机探索开放全岛旅游商品免税，提升国际旅游消费产品品位和档次，增加独具海南特色的高端旅游消费品的数量和种类，进一步丰富旅游产品体系，以提升海南旅游消费的核心竞争优势。整合省内观光型、度假型、娱乐型、商务型等旅游资源，针对不同客源市场的国际游客推出符合其需求的多层次、差异化旅游套餐。合理引进国际高端品牌星级酒店，增加特色民宿和本土高端酒店品牌的数量，实现四星级及以上酒店在各市县的基本覆盖；同时在重点市县布局更多的国际旅游购物点和国际游客集散中心，提高可供外国游客消费的旅游产品覆盖率，以期将海南尽快打造为国际旅游消费中心和国际购物中心。

2. 加快旅游产业转型升级

持续推进旅游业同其他产业的渗透、交叉和重组，延伸旅游产业链条，推动“文旅+体育”深度融合发展，打造旅文体特色产业集群，催生新技术、新工艺、新产品，构筑多元化国际旅游产品体系，发展如游艇产业、休闲体育产业、旅游地产业、文化创意产业等新业态，丰富整体国际旅游产品供给，提升旅游产品国际化水平，强化国际旅游消费核心功能，实现旅游产业量的合理增长和质的稳步提升，以转型升级拉动国际消费。

3. 提高旅游消费目的地知名度

率先在海口、三亚、琼海等市县开展国际旅游城市创建工作，在全省范围内高标准打造有示范意义的国际知名旅游消费目的地，形成国际旅游消费的核心吸引力，提高国际旅游消费目的地知名度。积极参加内外旅游消费及服务标准的制定，探索形成具有海南特色的国际旅游消费标准，严格按照相关标准对重点旅游景区、园区、会展中心、酒店等进行适当超前的国际化改造，增加国际标准化组织、国际质量体系认证组织等相关组织认可的国际化标准数量。

充分利用省内会展中心等基础设施，定期举办全球知名会展赛事、节庆活动，做大如中国国际消费品博览会、海南岛国际电影节、环海南岛国际大帆船赛、中国海南岛欢乐节、环海南岛国际公路自行车赛、三亚天涯海角国际婚庆节等各项活动赛事 IP，以提高海南会展品牌的国际知名度，吸引更多的入境游客，实现入境游客年均增长率的提高，形成更大规模的国际旅游消费。

4. 超常规打造国际旅游吸引物

认真研析，科学研判，在全省范围内超常规打造布局一批具有国际水平、全球品位的世界顶级旅游消费吸引物。加快美兰国际机场二期工程建设，借助海口美兰和三亚凤凰两大机场，打造“国际空港商圈”和“国际空港商务区”，建设有区域消费引领力、全球消费资源配置能力的国际空港消费中心；开展全省旅游景区改造优化和等级提升工作，争取在2025年前实现全省AAAAA级景区数量突破15家、AAAA级景区突破30家；凝练海南核心文化，打造以海南文化为核心的，结合文旅实景演出、传统文化演艺、节庆展示、现代艺术馆、博物馆、游乐场、国际品牌商户等于一体的超大型国际文化旅游区。

（四）加大旅游消费营销力度

1. 完善旅游消费营销方式

深度挖掘海南特色旅游资源，探索创新形成独具海南精神内核、地域文化、国际形象的国际旅游营销品牌，对外打造海南形象的金名片，充分调动企业活力，发挥市场主体作用，针对不同客源市场打造形式多样、内涵丰富、各具特色的国际旅游消费产品和服务，高效、高质地推动差异化营销，使国际旅游消费成为本地旅游供给与在地旅游需求间的桥梁和纽带。通过互联网、新媒体等手段开展营销推介，以“互联网+”思维为导向，将新媒体作为创新点，拓宽目的地形象及产品的宣传推广渠道，从境外目的地游客的视角，以生动的故事与鲜活的人物为载体推广海南国际旅游消费，提高境外主流媒体和新媒体高质量信息投放量，进而提高浏览量和曝光量，让世界更加熟识海南。

2. 丰富旅游消费营销资源

设立入境旅游消费市场开拓扶持专项资金，用于支持海南省内中小企业开拓国际旅游消费市场的各项活动，引导及鼓励中小企业参与国际旅游消费市场竞争和对外宣传营销。探索在俄罗斯、日本、韩国、中国港澳台地区、东南亚、欧美等主要客源市场派驻海南省旅游营销推广分支机构，提高境外推广机构覆盖率，并定期多次以分支机构为主要阵地对外开展海南旅游消费推介活动，鼓励境外客源市场旅行商和相关媒体到海南踩点考察，创新活动形式和推介方式，凸显海南特色。增加省财政拨款，加大旅游宣传促销经费投入，有力支撑海南对外营销和国际旅游消费的发展，有效把握国际旅游消费营销关键环节。

二、保障措施

（一）坚持思想引领，提高思想认识

国际旅游消费水平的提高对海南建设自由贸易港、国际旅游消费中心，打造国际领先的海岛休闲度假旅游目的地具有重要意义，海南全省各市县及相关单位应始终坚持以习近平新时代中国特色社会主义思想为指引，坚持党的领导，切实提高对涉及国际旅游消费的相关工作的思想认识，以正确的思想引领高水平的发展。

（二）把握问题导向，紧抓工作实效

聚焦提高国际消费水平方面遇到的重大问题，破解发展关键路径中遇到的瓶颈，编制《提升海南国际旅游消费水平行动计划（2021—2025）》（暂定名），厘清现存问题，对各项发展措施认真梳理，确保各项措施落到实处。

（三）明确职责分工，落实组织实施

对全省国际旅游消费水平提升工作进行目标任务的细化，依照各市县的具体情况进行总体分工，各市县继续根据本地实际制定更为细致和明确的落地措施，确保各项任务落到实处，按年对各地国际旅游消费水平进行监测和评估，并将重要情况及时报告省政府。

本章从提升国际旅游消费水平的典型经验、基本策略与保障措施阐发了海南自由贸易港建设提升国际旅游消费水平的启示，紧紧围绕这一主题，总结迪拜、新加坡、佛罗里达州、西班牙、日本、韩国、泰国、中国

香港、希腊、澳大利亚10个国家和地区的优秀做法，有针对性地提出提高旅游消费管理水平、优化旅游消费服务水准、提升旅游消费产品档次、加大旅游消费营销力度四大基本策略，明确坚持思想引领、提高思想认识，把握问题、紧抓工作实效，明确职责分工、落实组织实施三大保障措施。

只有在充分借鉴、梳理归纳、总结分析典型地区的经验基础上，深度结合海南现状、取长补短，制定符合海南发展情况的提升国际旅游消费水平的举措，才能事半功倍，在较短时间内快速提高海南国际旅游消费水平，推进建设海南国际旅游消费中心。

第七篇

展望篇

第一章　2025 年展望

根据中共海南省委的文件精神，海南省将贯彻落实国际旅游岛及国际旅游消费中心建设，争取实现在 2025 年前，海南省基本建成国际旅游消费中心。根据国家统计局近 6 年数据（删除特别年份数据）推算平均增长率，按照快速发展情况，到 2025 年，海南地区生产总值从 2020 年的 5532.4 亿元预期增长至 1 万亿元，旅游业增加值占地区生产总值比重从 2020 年的 7%预期提高至 12%，常住人口城镇化率从 2020 年的 59.7%预期增长至 65%，接待游客总人数突破 1.1 亿人次，旅游总收入突破 1800 亿元。在此背景下，"十四五"期间，海南省经济将保持稳健发展，GDP 贡献位居全国前列，初步建成现代化经济体系，市场主体也将持续大幅度增长。

一、全力推进海南供给侧结构性改革

要将海南省建设成高水平对外开放的经济要地，有必要扩大及加强港口和机场建设，发挥港口与城市的综合利益优势，加快促进海南自由贸易港的向心型产业发展，这也是海南自由贸易港的产业发展模式。海南省政府在工作中始终坚持稳中求进，坚持新发展理念，坚持以人为中心的发展思想，促进"五位一体"，推进"四个全面"，以供给侧结构性改革为主线。根据前面提出的高质量发展要求，进一步加速推动海南省成为国际型旅游岛的建设。不断优化环境，进一步拓宽旅游消费领域，完善相关领域的发展，积极探索旅游业相关的消费新业态及消费新热点，并以此提高海南省高尖端领域的旅游消费水平，进一步释放旅游消费活力、潜力，积极主动探求消费型旅游经济发展的新方法和新路径。目前海南岛生态发展良好，具有多元化、集中化、特色化、鲜明化，成为国际旅游城市度假天堂。完成国内国外供给侧结构性改革要实现的最终目标是调整海南的经济发展结构，提高海南经济发展方式和质量。另外，海南消费及出口改革主要包括大量劳动力、住房、技术和创新性企业。

从供给方面的创新角度思考，供给正在创造新的需求和新的历史，推动着工业的发展，新能源、高科技产品的更新迭代也推动了服务业水平的提升和服务产品多样化的发展。海南省经济能够得以振兴，主要依赖两个方面，一方面是海南省政府的政策支持；另一方面是海南省政府及有关单位对于“数字化产业”及“产业数字化”领域的高度重视和技术支持。

近年来，随着时代和信息的不断进步及发展，“数字经济”凭借着自身的发展活力，在提高各行业的生产力上，体现了其不可取代的优越性。此外，凭借自身的便利性和易储存性，海南创新企业发展、建全海南企业可持续体系，“数字效应”将成为海南发展的主要动力。因此，海南省经济发展和振兴要跟紧时代的步伐，不断促进工业与数字化的融合和旅游业与数字化的融合，数字化与其他产业相互促进，共同促进经济发展。

要真正实现供给侧结构性改革，首先要严抓供给质量。其次以改革的方式来促使结构进行调整，修正要素配置扭曲，实现真正的有效供给；面对需求发生变化时，应当有灵活的机制去适应需求，以此提高全部要素的生产效率，并以此满足人民群众的真实需要，带动经济社会可持续健康发展。

大力发展供给侧结构性的改革旨在大力推动存量的调整，加强深度优化投资结构与开源的深度发展相匹配的产业结构，要加强通过实现经济持续快速的增长来加速实现海南可持续发展战略和提高人民群众生活水平的快速进程。加快优化商业产权供给侧结构，尽快完成政府的宏观调控，实现民生政策与民间发展交流活动相互促进。整合资源优化投资和融资结构，尽快做到加速海南资源整合，加强发展优化资源与配置，深度促进自然资源和可再生资源的利用。深度优化整合产业发展结构与资源分配结构，加快提升产业发展质量，尽快做到分配公平，将人民的消费能力大部分转化为生产力。加快优化资金流通过程，节省大部分交易成本，尽最大努力拉动海南有效经济总量；优化居民消费结构，做到持续升级消费产品，提高人民群众的生活水平和质量，实现创新、协调、绿色、开放、共赢的发展是供给侧结构性改革的重要依托，是海南省作为国际旅游示范城市和国际旅游中心建设的中坚力量。凭借海南岛优越的地理位置和已经建立的旅游模式，发展海南海岛文化、琼中旅游、乡村旅游、养生度假等；利用空地、闲置土地等整合海南旅游元素，将不同元素结合起来，为消费者营造“身体与心灵的双重洗涤”环境，同时，加速“高端旅游产品”的研发，打造高、尖端旅游线路和旅游产品；尝试将不同行业及产业进行交互融合，在旅游中加入文化、会展、体育、康养等主题，使得海南旅游拥有更多的行业元素，不再枯燥乏味；重视“数字旅游”，加速旅游信息化，使“一部手机游海南”成为现实。

从供给侧的土地方面分析，旅游业作为海南省重点支持产业，其自身的发展与土地脱不开关系。近年来，海南省自然资源和规划厅出台了一系列有关旅游业产业规划项目和用地保障政策，海南省政府从 3 个不同方面出台相关政策助力海南省的旅游业新发展，其分别是优化旅游业的产业布局、创新旅游业的用地政策、降低旅游业的用地成本。此外，海南省自然资源和规划厅对省重点旅游区及重点旅游项目的新增用地计划指标给予大力支持，并表示会保障上述旅游产业的项目用地，有关部门也在降低旅游业用地成本和提高旅游业用地效率等方面出台了明确的规定。

从供给侧结构性改革方面来看，“4·13”以来，海南省以创新制度为核心，致力于摆脱老旧思想的束缚、破除固有体制机制的障碍，以求探索出制度创新的案例。该举措有效改善了经营环境，提高了治理水平，也为更好落实自由贸易港政策奠定了基础。在供给侧结构性改革的初期阶段，创新和开放是旅游制度供给的核心，通过创新这一路径，解决游客对于旅游产品和旅游线路的个性化体验需求；通过开放这一政策，解决国内的市场准入问题及国际市场的开发交流问题。旅游制度供给本身就是一个非常复杂的问题，也是一个涉及多层次、多方面的系统，涉及面对不同主体和客体的规范及约束。特别是在中国政府的领导之下，旅游制度供给发挥着极为重要的引导、规范及培养的作用，因此，加强对旅游制度供给的研究，为旅游制度供给提供科学、合理的意见和建议势在必行。

从免除税费的政策角度来看，海岸未来的零售市场预期会有免税、传统有税零售市场及海南跨境电商新试点等内容。其中，以上述三点免税政策内容为核心，覆盖多个层次、多个定位。国内和国际市场的发展相辅相成。通过推出惠民优惠政策，依托国内居民强大的购买力，刺激和扩大居民的消费欲望及消费水平。此外，在建设海南保税港区的背景下，海南零售市场未来有望由“免税+征税”构成，预计在未来 5 年内，实现将海南省打造成世界知名的国际旅游购物消费度假区。同时，凭借海南省内运营机场的建设和扩容、琼州海峡运航力的优化及广湛港高铁动车组的建设和发展，海南省未来 3~5 年的旅游接待能力预计能够增长 50%~100%，为容纳客流量打下了良好的设施基础。此外，未来海南也将不断推出新项目，增加品牌 SKU 及改善省内交通。因考虑到机场客流运送的贡献不一致，预计以后 3 年机场收入能够上涨 1000 亿~1750 亿元人民币，未来 5 年上涨 2000 亿~3000 亿元人民币。近期，三亚、海口各新增两家免税企业，开启良性竞争的新格局，但在免税竞争扩张的背景下，中免集团凭借其规模及资金优势，仍有望在海南免税市场占据主导地位。

二、以需求侧改革驱动国际国内“双循环”

打造国际旅游消费中心，其关键在于有足够大的吸引力和新增亮点吸引国内外的游客前往，使得消费者愿意来、容易来，并且有足够大的意愿在海南消费。国家全力将海南省打造成国际旅游消费中心，海南则更有义务为旅游者与消费者营造和提供良好的旅游环境与消费环境，更应当响应国家号召，将海南打造成具有世界影响力的国际旅游消费中心。在如今新冠肺炎疫情常态化背景下，海南更应重点以推动需求侧改革驱动本地旅游消费市场实现国际国内“双循环”，担起海南作为国家加大对外开放重要窗口这一时代角色。

从需求端来看消费、投资、出口这“三大巨头”。首先要在消费上充分研究，积极扩大居民消费，运用科技信息，精准定位旅游消费市场。2019 年，海南省接待过夜游客 684.51 万人次，其中入境游客 143.59 万人次，国内游客占海南省接待过夜游客的 97.9%；通过分析海南国际旅游岛建设现状及我国旅游市场需求状况，国际旅游消费中心应当以国际旅游消费为主要市场，这表现在海南入境游客占过夜游客的比例从 2019 年的 2. 1%提高到 2035 年的 5. 0%；以国内旅游消费市场为主体，努力使入境过夜游客占总接待过夜游客的比例提升至 10%左右，努力实现入境过夜游客比例至少比 2019 年翻两番。目前，新冠肺炎疫情蔓延到全球，并且在海外的疫情并没有被稳定控制的情况下，海南省旅游应当将发展重心转移到本土旅游市场，海南本地市民跨市旅游与一日游/常规游规模不断壮大，本地市民消费已经成为海南旅游发展国际旅游消费中心的中坚力量和支撑部分。要大力发挥出高效和有效投资的关键，扩大社会居民投资规模，积极调动民间投资的积极性，做到加快海南重点项目开发建设；国内和国际旅游消费中心发展建设要做到能够对国内企业的发展建设产生一定的吸引力，做到旅游及相关的企业有可行、可发展的盈利模式；要鼓励发展企业投资，并且为企业的利润创收提供全面的保障和服务。通过改造旅游行业企业优化和重组实现企业上市融资，促进旅游产业一体化、完整化、网络化、体系化经营。积极发展和加快引进国际知名大型旅游公司在海南设立分公司或注册分公司，如旅行公司、演出机构等。针对上述举措，海南省政府及有关部门应当实行较低的所得税及零关税制度；对于外资投资应根据以上文章举证，海南省政府和有关部门应该实行较低所得税与零关税的工商制度；对于外来投资实行负面清单加准入前国民待遇机制，对有关企业应当做到相关工作人员、数据等自由进出；建立健全国际贸易法律体制、政策体系、人才培养和引进体系及服务管理体系。与此同时，应当深入研究其他领域，如在此次新冠肺炎疫情中暴露问题的公共卫生服务及应急物资保障，以及党中央决定的加快新型基础设施建设、数字经济和新材料等领域。最后，要提高净出口总额，不断加强原材料的加工深度和精度，尤其是政府部门，要做好引领行业选择高技术含量、高附加值及高创收的产品，加快创建属于海南省的独立旅游消费品牌，开发不可取代或难以取代的产品作为海南省的特有产品，把握创收优势，提升出口贸易的国际竞争力。

三、加速体制机制创新，提高重要资源利用效率

海南省因其得天独厚的地理位置、生态优势及资源优势，各方面均具备建立国际旅游消费中心的条件。但由于现有机制体制的束缚和制约，海南省尚不能完全释放出其旅游资源价值。2019 年，海南旅游总收入为 1050 亿元，仅为云南旅游总收入的 9.5%、贵州的 8.5%、广东的 6.9%。将旅游和本地潜在的天然优势转换为可视、可评估的现实竞争优势是海南省建设国际旅游消费中心的第一要务，也是在建设高质量、高标准自由贸易港的过程中，需要下足力气解决的重要问题。

从宏观背景来看，中国提倡并主导的“一带一路”“人类命运共同体”及国际新秩序正在形成，国际形势已经不同于从前。因此，海南自由贸易港在此背景之下的建设模式一定与新加坡等国家的以往经验有所不同。从制度设计的角度来看，海南作为具有中国特色的自由贸易港，与新加坡、迪拜是有所不同的，海南自由贸易港的建设与发展要将国家重大战略融入发展过程，不能被所谓的系统完整性和关系型资产的思想限制住。因此，海南自由贸易港应当深刻认识中国的制度优势，对自己的优势充满信心，并以此为基础确定未来发展方向、进程，优化发展路径。

要创新旅游体制机制关键是要遵循一体化的全局发展思维，将海南旅游发展视为一个整体，在整体思维的引导下进行二次任务细分和组织再造，并在整体思维的统筹下，加速推进土地、产业布局、环境政策、基础设施、国家政策等多层面的统一规划，深刻理解全域旅游概念及发展思路，形成全域旅游的发展机制，并显著提高海南省的旅游资源、土地资源、法规政策、优惠政策等重要资源和国家举措的利用效益，不断提高政府的行政效率。

四、建设现代化经济体系，构建国内国际“双循环”

发展新格局，要求我们转变经济发展方式、促成高质量发展、建设现代化的经济体系，优化资源分配，将重点放在旅游、互联网、热带高效农

业这几个千亿级产业上。贯彻落实“多规合一”改革，简化办事、办证程序，营造出国际化、法治化、便利化、安全化的投资和消费环境，吸引更多优秀的国内投资者及外资来海南省，加速资金流动，推动经济的发展，建立健全完整的投资环境。对此，政府可以发行旅游相关企业债券，增加旅游企业数量，放宽旅游行业准入门槛，但同时要更加注重其质量。还可以通过指定财政优惠政策吸引国内外的民间资本。加快 11 个重点园区建设，特别是洋浦经济开发区和海口江东新区的建设，为海南省高质量发展提供坚实的产业支撑。要以 21 世纪信息技术，特别是近年来提出的区块链技术为主导，依托海南生态软件园、互联网信息园等，努力提升数字化水平，培育和发展信息产业群，使其能够达到快、准、狠的提升和发展标准，打造国内国际“双循环”的重要枢纽，推动经济的高质量发展。

当今世界正处于百年未有之大变局，我国发展的内部环境和外部环境都非常复杂。构建安全稳定的产业生态圈，构建发展新格局，需要增强自主创新能力，提升产业链水平，突破国际循环的固有思维，消除“痛点”和“赌点”，从体制内部入手，不断推陈出新，以此增强经济发展的动力和活力，从而带动经济从内到外的发展，构建安全、独立、可控、可评估的供应环和产业链成了海南建设自由贸易港的必然要求。海南省应当充分利用国家给予海南自由贸易港建设的相关优惠政策，积极鼓励和发展国内先进科技，引进海外的先进技术，吸引更多投资和消费。在人才引进方面，应当建立健全有关配套设施和政策，积极引进国内外高端人才与高知识分子，为海南自由贸易港的建设提供智力支持。海南省在海洋科学研究方面具有得天独厚的天然优势，大力建设建成三亚深海科技城，加大政策和资金方面的扶持力度，推动有关科研项目平稳运行，大力发展海洋装备和材料，研究发展深海通信技术、海洋船舶和海洋工程装备等公共服务。此外，种植业是农业的核心，是国家粮食安全和人民生活的基础保障，海南南繁科研育种基地是中国种植业走向世界的“中转站”，要加快南繁基地的建设，通过建设南繁基地，整合国内外有关信息及资源，充分发挥出南繁基地的地理优越性和气候优越性，以高标准服务国家对种植业的需求，打造“南方粮食硅谷”，肩负海南粮食安全责任。航天航空业的发展是国家富强的象征，也是国家展现综合国力的重要体现，加快文昌航天城的建设，促进我国航天业的发展，积极研发、应用卫星等高新技术产业，在发展航空航天业的同时，反向带动旅游业的创新与发展，以此拉动经济和消费的增长。不断加快海南省科学技术的创新与发展，努力成为深海技术、育种技术及航天领域的领跑者和行业新标杆。

第二章　2035 年展望

习近平总书记在 2021 年博鳌亚洲论坛上的演讲强调，2021 年是中国共产党成立 100 周年。共产党为人民谋幸福，为中华民族谋复兴，为世界谋共同繁荣。中国将继续做世界和平的建设者、全球发展的贡献者、国际秩序的维护者。中国将始终高举和平、发展、合作、共赢的旗帜，积极推动构建新型国际关系。无论中国发展到什么程度，永远不称霸，永远不扩张，永远不谋求势力范围，永远不搞军备竞赛。中国将积极参与多边贸易投资合作，推进海南自由贸易港建设，推动构建更高水平的开放型经济新体制。

一、全力推进建设高水平自由贸易港

海南十四五规划建议提出，到 2035 年海南要成为我国开放型经济新高地，建成现代化经济体系，形成互联网、消费（含免税购物）、大健康和教育、旅游文化体育等一批万亿级产业。实现将海南建设成享誉世界的国际旅游消费中心这一伟大目标，不仅是海南对于国家提出高质量发展战略的具体响应，更是海南立足于以服务业为主导的背景，加快自身发展速度和质量的自我要求。海南应当立足实际情况，打造适合当前大环境的国际旅游消费中心，对标学习和吸收世界知名旅游目的地典型经验，着力打破观念、体制、机制束缚和障碍，重点探索政策和业态体系的突破与创新，形成具有示范意义和标杆引领的国际旅游消费中心。

二、加快转型升级，推动业态创新

为加速建成国际自由贸易港、打造国际旅游消费中心，海南政府及相关部门应当立足当下，将落地优惠政策、制度，集成创新和发展摆在突出位置，通过技术、管理、制度等方面的创新，对传统要素“取其精华，去其糟粕”，去除已经过时的成分，保留其值得推广的环节，再将好的传统要素与新时代的新要素相结合形成新组合，为建设海南自由贸易港、建成国际旅游消费中心提供源源不断的新动能。

当前，以休闲观光、文化和体育旅游及康养旅游为特色的旅游产业体系已经基本形成，旅游消费的形式更加多样化，旅游消费的潜力得以进一步释放，高端旅游消费建设初显成效，符合国际标准的旅游消费机制体系、旅游消费内容日益多样化、高端化、国际化。不断挖掘国内外游客消费行为差异，针对中西方旅游者的文化差异和心理需求差异，海南未来将适时调整发展战略，制定针对性强的经营方式，提供个性化的服务，海南国际旅游消费中心将以更开放的姿态，更包容的胸怀融合国内外差异，让自由贸易港建设成果更多地惠及人民。

运用契合时代发展的高新技术，特别是数字技术重组生产要素，从而形成新业态。在疫情防控常态化的背景下，新业态的发展已然成为维护正常生产和生活的新要求，加快新业态、高新产业的发展离不开高新技术的支持，对此，要通过“四个强化”集中核心优势，突破束缚，将新兴技术与传统产业相结合，以新兴技术带动传统产业的发展，努力打造“老树新芽”的新业态。此外，数据作为一项新的生产要素，数据的总量越大，标志着其价值总量越大。要做好真正意义上的产业融合，就必须要构建起以数据为关键的数字经济，在数字化的基础上全方位提高生产力，最大限度地发挥数字化这一新要素对于经济发展的放大和叠加作用。

三、推进文旅深度融合，促进文化形态创新

党的十九大指出，我国现阶段的主要矛盾已经发生了变化，究其源头，这种变化实际反映出的是人民生活水平的提高及群众素质的提高，也就是说，人们对于精神世界的追求已经逐渐超越物质生活。而旅游作为一种文化类型的活动，内在的精神文化含量也越来越成为旅游消费者所看重的，因此，旅游相关的从业者不仅要丰富旅游线路和合理规划旅游行程，

更要在线路的文化涵养上下功夫，提升旅游消费者精神层面的满足感。作为大国，中国有14亿人口，据统计，我国人均GDP超过1万美元，中等收入群体已经超过4亿人。我国的国内旅游市场规模和潜力巨大，但就目前而言，国内的旅游产品和服务仍不能完全满足人民对美好生活的向往及结构性要求。对此，应当坚持扩大内需，贯彻落实深化供给侧结构性改革，持续扩大有效供给。提高旅游业的水平和内在质量不仅取决于美丽的自然风光，而且呈现于深刻的历史和文化，也就是说，给新的内涵于人文意蕴的传统旅游资源，打开相互促进和共同繁荣的时代新篇章。

国家大力支持将海南省建设成自由贸易港，因此，海南在税收等方面享有特殊的优惠政策及开放政策。为积极响应国家号召，海南省必须要深刻研读相关政策，充分发挥有关政策的优势，制定出一套吸引投资的策略，吸引世界顶级消费品和奢侈品等入驻，不断扩大免税额度、提升免税价格优势，将外流的免税经济带回海南，并为海南新发展贡献出重要力量。此外，海南省在建设建成康养旅游方面也做出了卓越的贡献，博鳌国际医疗旅游先行区的建设和发展为海南引进了许多先进的医疗机构、顶级酒店品牌、相关行业的高端人才和高知识分子，使得海南在康养旅游方面的竞争力和吸引力有效提高。就邮轮旅游而言，需要加快三亚凤凰岛邮轮母港的建设，吸引更多国际邮轮公司将海南纳入其航线，扩大三亚邮轮母港的知名度和竞争力也需要积极拓宽、拓展海南的旅游航线，使其更加多样化、更具趣味性，保证让邮轮旅游消费者在他们的旅游中得到不一样的精神体验。最后，通过策划各种会展活动，如举办国际性的消费品博览会、承接各地公司年会、举办峰会等，积极衔接、疏通国内国际“双循环”。

文化是旅游的重要内涵，旅游反过来也影响文化。随着时代的发展、人民生活水平和国民文明素质的提高，要实现海南旅游的深化发展，就必须告别东拼西凑的文旅融合模式，改为以旅游目的地特色文化来提升和滋养海南省的特色旅游，通过深度发掘文化底蕴，给旅游消费者带来真正意义上的文化之旅，以此将旅游的层次及品质提高到新的水平，塑造出特有的文化价值，向旅游消费者展示文化旅游的新视野，并以此激发消费者对于海南二次重游的愿望。

要实现海南省的产业融合，就必须遵循文化与旅游产业间的深度结合。旅游产业的新发展，应当塑造一个良好的人文环境，并以完整的配套设施和服务、完善的咨询体系和系统实现旅游中的文化功能；通过打造不可复制的品牌特色，让旅游者拥有难以忘怀的文化旅游体验；做好市场调研及市场营销，更好地传播文化魅力，帮助消费者实现从景区观光到感受文化熏陶的质的飞跃。努力将单一化的游园经历发展成多元化的文化旅游、美食旅游等。通过海南当地的特色文化来滋养和提升海南旅游业的新发展。

要建设海南自由贸易港和国际旅游消费中心，离不开文化方面的建设和支撑。借助文化元素，赋予旅游产品精神层面的价值，要打造具有海南特色的文化旅游品牌、不可复制或是难以复制的核心产品，需要借助挖掘当地的民间故事、神话传说故事、历史典故、文化传承、饮食渊源等因素，并通过这些因素提升海南旅游的魅力及现代化文化旅游的品质。文化和旅游两者之间深度融合，有助于贯彻落实国家的文化旅游战略，海南自由贸易港的建设同样离不开特色文化的支撑。文化与旅游深度融合的关系，就像灵魂和躯体的关系，新时代的旅游业，文化和旅游相辅相成，缺一不可，旅游是大众对于全域文化发展的初认知和最直观印象，而文化对于全域旅游来说也是不可或缺的核心。只有做到真正意义上的深度融合，将文化元素渗透至旅游中，才能创造出“1+1>2”的效果，才能既用文化丰富旅游的内涵，又用旅游赋予文化新的生命。

四、旅游标准化建设促进行业良性发展

旅游标准化能够弱化信息上的供求不对称，倒逼旅游企业通过优质服务和创新管理赢得市场。旅游标准化进一步促进了旅游服务质量和水平的提高，对于形成规模经济、塑造品牌形象具有重要意义，此外，也有助于促使旅游业建立品牌化、产业化和特色化的口碑。

标准制定和实施的同时，也有助于改善人们的生活质量，促进我国经济社会的全面发展。标准的制定、实施在一定程度上对企业利用自然资源

起到了督促作用，能凭借此保护环境、改善人们的居住环境、提高百姓的生活质量，使得人与自然和谐发展。

五、充分发挥旅游示范作用

到 2035 年，海南国际旅游消费中心将努力成为在国际上有声誉、在国内有示范效应的旅游圣地，实现建设上的新突破。深度发展入境旅游，不断提高海南的国际化水平。国际旅游消费中心的建设，应将旅游供给侧结构性改革贯穿全过程，充分发挥我国全域旅游创新发展的典型示范作用，持续推进文旅融合，打造旅游示范先行区。

第三章　21世纪中叶展望

一、充分发挥高水平对外开放平台优势

我国始终坚持对外开放原则，中国政府与世界各国的各行业始终保持高度的紧密交流，具有高度包容性的对外开放措施直接影响到海南的自由贸易港建设，为海南自由贸易港建设营造出一个开放、平等、互惠的对外贸易环境。到21世纪中叶，海南将全面建成具有国际影响力的高质量自由贸易港。届时，海南国际旅游消费中心的知名度将显著提高，成为全球旅游消费贡献中的重要一员，并将海南打造成中国对外开放的又一新代表、新血液。

二、保持提升高质量的国际旅游产品供给

海南将持续以创新为动力，培育“试验田”，并将持续发挥探索者的精神，为国际旅游消费中心建设带来新的发展可能。面对国家提出的新战略，海南要站在历史的新起点，以卓越的智慧和超群的勇气完成国家赋予的使命，以不断的创新，使海南从最大的经济特区向中国大陆唯一的自由贸易港转变；从改革开放“试验田”向新时代全面深化改革的标杆不断迈进。海南将不负众望，充分发挥自身优势，更好地依托国家对海南的政策支持，以更多创新、优质的旅游消费产品更好地服务消费者。

海南自由贸易港和国际旅游消费中心建设会继续发挥优势，不断深化推进旅游与文化的结合，不断拓展海南的邮轮旅游和游艇旅游，并且出台有关保证性文件，让消费者放心参与到邮轮旅游和游艇旅游中。作为西南

沿海的邮轮母港，三亚持续不断地服务周边地区，不断探索与发展周边航线和国际航线，加快研发南海诸岛的邮轮旅游路线，扩大市场和经济群辐射范围，提高综合服务水平。海南省将会持续发展适应自身的海岛旅游、文化旅游，壮大旅游消费市场，此外，也将大力发展会展节庆旅游、推动建设高标准航天航空基地、推动海洋资源保护与研究，将海南打造成国际化、高端化的大型综合旅游目的地和高质量的国际旅游消费市场。

致谢

海南国际旅游消费中心建设是建设自由贸易港的一次重大实践探索。在书稿撰写过程中，海南省委省政府、中共海南省委自贸港工作委员会办公室、海南省旅游和文化广电体育厅、海南大学、琼海市博鳌公共管理人才研修院、海南科技职业大学等单位给予了大力支持，在此向各单位表示感谢！同时，对参考引用的各类图片、文献的责任单位和个人，本书如未有提及，在此也一并表示感谢。本书撰写时间跨度较大，研究深度和广度还需要进一步加强，欢迎广大专家学者提出宝贵修订建议，以飨读者！